기초 영문법을
UPGRADE
하다!

한국에서 유일한 NEW 기초 1 영문법

한일 지음

iambooks

Key Features

Learning Golas

무엇에 대해서 배우는지 그리고 학습자가 반드시 해내야 하는 학습 목표를 미리 알려 줍니다. 학습을 마친 후에는 이 학습 목표를 다시 확인해 봄으로써 자신의 학습 정도를 파악할 수 있습니다.

More View

더 많은 예문을 보여줌으로써 관련 문법을 정확히 이해하게 만드는 곳입니다. 많은 예문을 읽고 외우는 것은 문법을 공부하는 데 대단히 중요합니다.

Tip

이 간단한 Tip이 고민하는 시간을 줄여 주고 해당 문장을 더 오래 기억하게 도와줍니다. 아울러 참고할 정보도 알려 줍니다.

Grammar Package

알아야 할 문법을 정리해서 보여 주고 있으며, 해당 문법에 대한 보충 설명도 해 주고 있습니다.

Grammar Knowledge

문법에 대한 시야를 넓혀 주는 곳입니다. 기존의 전통적인 문법에서 사용하는 용어에 대한 설명, 그리고 해당 문법의 배경, 역사, 견해 차이 등의 지식 같은 것을 담고 있습니다.

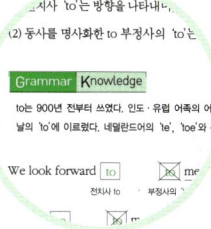

Grammar Check

강의에서 배운 문법 요점을 문답 형식을 통해 학습자 스스로 정리할 수 있도록 도와줍니다. 핵심을 이해하고 오래 기억하는 데 도움을 줍니다.

Comprehension Quiz

배운 내용을 문제를 통해서 확인해 보는 곳입니다. 응용문제 풀이는 핵심적인 것들을 기억에 새길 수 있도록 해 주고 앞에서 배운 문법 내용을 자연스레 정리할 수 있게 도와줍니다.

Reading & Writing Practice

단순히 문법을 학습하는 것에만 그치지 않고 배운 문법을 활용하여 읽고 쓸 수 있어야 진정한 영어 실력이라 할 수 있습니다. 그러한 실질적인 실력을 가지기 위해서 연습해 보는 부분입니다.

Grammar Application to Reading/Writing/Speaking

해당 문법을 활용해 집중적으로 그리고 다량으로 읽고 쓰고 말해 보는 부분입니다. 이렇게 '집중+다량'으로 읽고 쓰고 말하면 그 문법이 자연스럽게 습득이 됩니다. 이런 효과를 'Abundance 효과'라고 합니다.

Memorize these...

일상생활이나 시험 등에 자주 등장하여 외워 두면 아주 유용한 단어와 표현들을 정리해 놨습니다.

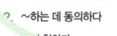

Key Features · 3

한국에서 유일한 New 기초 영문법 1

Table of Contents

목차

| Lecture 1 | 'to 부정사' 이름 속에 담긴 비밀 | 9 |

1. 동사를 명사로 바꾼다? ········· 10
2. 왜 'to 부정사'라고 부를까? ········· 11
Comprehension Quiz ········· 13
Reading & Writing Practice ········· 14

| Lecture 2 | 'to 부정사'의 활용 | 15 |

1. 문장에서 'to 부정사'의 활용 ········· 16
2. 왜 'to 부정사'를 전치사 뒤에 쓸 수 없을까? ········· 17
3. 전치사와 to 부정사 'to'의 반복을 피하는 방법 ········· 17
Comprehension Quiz ········· 20
Reading & Writing Practice ········· 21

| Lecture 3 | 동명사의 발생 배경 | 23 |

1. 동명사가 만들어진 이유 ········· 24
2. 동명사의 활용 ········· 25
3. 'to 부정사'와 '동명사' 중 어느 것이 주어로 더 많이 쓰일까? ········· 26
Comprehension Quiz ········· 28
Reading & Writing Practice ········· 29

| Lecture 4 | 'in order to'를 쓰는 방법 | 31 |

1. '~하기 위하여'를 영어로 어떻게 표현할까? ········· 32
2. 'in order to'를 'to'로 줄여 쓰는 이유 ········· 32
3. to 부정사의 구별: '~하는 것' vs. '~하기 위하여' ········· 34
4. 언제 'in order to'를 쓰고, 언제 'in order'가 생략된 'to'를 쓸까? ········· 36
5. to 부정사의 'to(~하기 위하여)'와 전치사 'for(~을 위해서)' ········· 36
Comprehension Quiz ········· 38
Reading & Writing Practice ········· 40
Grammar Application to Reading ········· 41

Lecture 5 | 'to'의 종류 — 43

1. 대표적으로 많이 쓰이는 'to'의 세 종류 — 44
2. 한 문장에 이 세 가지 종류의 'to'를 모두 쓸 수 있을까? — 44
3. to 부정사의 부정 — 46
4. to 부정사를 목적어로 취하는 동사 — 47
5. to 부정사를 취하는 형용사 — 49
6. too . . . +to 부정사: '너무(도) ~해서 ~할 수 없다' — 49
7. 생활 속의 to — 50

Comprehension Quiz — 54
Reading & Writing Practice — 55
Memorize these Infinitives! — 56

Lecture 6 | 지각 동사(Perception Verb) — 61

1. 지각 동사(Perception Verb)의 정의 — 62
2. 영어에서는 어떻게 강조(특별 취급)할까? — 62
3. 어떻게 지각 동사를 강조(특별 취급)할까? — 63
4. 지각 동사 뒤에 '동사 원형'과 '현재분사(-ing)'를 쓸 때 해석의 차이 — 64

Comprehension Quiz — 67
Reading & Writing Practice — 69

Lecture 7 | 사역 동사(Causative Verb) — 71

1. 사역 동사(Causative Verb)의 정의 — 72
2. 사역 동사를 강조하게 된 배경 — 72
3. 어떻게 사역 동사를 강조(특별 취급)할까? — 73
4. 왜 사역 동사는 사람들 사이에서 잘 사용하지 않을까? — 74
5. 사역 동사 'help' — 76

Comprehension Quiz — 78
Reading & Writing Practice — 80

Lecture 8 | 가주어 'it'을 쓰는 이유 — 81

1. 'to 부정사' 주어와 '동명사' 주어에 문제점이 있다? — 82
2. 짧은 주어를 선택하는 데 필요한 두 가지 조건 — 82
3. 짧고 간단한 주어 찾기 — 82

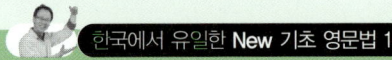

Table of Contents

4. 짧고 간단한 주어 'it'의 이름 83
5. 가주어 it을 앞에 쓰고 뒤에 'to 부정사'를 쓸까, '동명사'를 쓸까? 84
6. 가주어 구문: It+be 동사+to 부정사/동명사 85
   Comprehension Quiz 87
   Reading & Writing Practice 89

Lecture 9 | 동명사의 활용   91

1. to 부정사를 짧은 동명사로 바꾸지 않는 이유 92
2. 동명사의 정의 93
3. 동명사의 성격 93
   Comprehension Quiz 96
   Reading & Writing Practice 98

Lecture 10 | 소유격을 활용하면 말이 편해진다   99

1. 소유격의 정의 100
2. 소유격 + 명사 100
3. 소유격 + 동명사 101
   Comprehension Quiz 103
   Reading & Writing Practice 105
   Grammar Application to Writing 106

Lecture 11 | 'go+-ing'는 왜 만들었을까?   111

1. 'go+-ing' 112
2. to 부정사가 동명사로 바뀔 때 동사의 의미 변화 113
3. 동명사를 쓰기로 작정한 표현 116
   Comprehension Quiz 119
   Reading & Writing Practice 121
   Memorize these Verbs followed by Gerunds[Verb+-ing]! 122

Lecture 12 | 사용 빈도수가 높은 핵심 구조   127

1. 영어로 문장을 쓰기 위한 3단계 128
2. 문법의 제약에서 자유로움을 알리는 전치사 132

Comprehension Quiz	134
Reading & Writing Practice	135
Grammar Application to Writing	136

Lecture 13 전치사를 모르면 영어를 잘 못하는 이유 — 139

1. 전치사의 특징	140
2. '전치사+명사'의 위치	140
3. 생활 속의 전치사 I	143
4. 생활 속의 전치사 II	146
Comprehension Quiz	149
Reading & Writing Practice	151
Grammar Application to Reading	152

Lecture 14 동사에 죽고 사는 부사 — 155

1. 부사 'adverb'의 의미	156
2. 부사의 위치	156
3. 부사의 발생 배경	157
4. 부사의 종류	159
5. 문장에서 자유로운 부사의 위치	160
Comprehsneion Quiz	162
Reading & Writing Practice	164
Grammar Application to Writing	165

Lecture 15 부사의 활용 — 169

1. 문장에서 부사의 위치	170
2. 문장에서 부사의 역할	171
3. 자주 쓰는 빈도 부사	171
Comprehension Quiz	173
Reading & Writing Practice	175
Grammar Application to Reading	176
Memorize these Essential Adverbs!	178

Answer Key — 183

Lecture 01

'to 부정사' 이름 속에 담긴 비밀

Learning Goals

왜 'to 부정사'라고 부를까?

'to 부정사'는 어떻게 번역해야 가장 자연스러울까?

'to 부정사'는 왜 만들었을까?

문법이란? 말에는 법이 있다는 것으로, 그 법을 알면 글을 쓰고 말을 할 수 있다. 우리가 영어를 배우면서 문법을 공부하는 이유는, 말이 되고 글이 되는 말의 법칙에 익숙해지려는 데 있다. 우리가 쓰는 한국어도 말이고 영어도 말이다. 그러므로 한국어에서 많이 쓰이는 것은 영어에서도 많이 쓰이기 마련임을 염두에 두도록 하자

01 LECTURE 'to 부정사' 이름 속에 담긴 비밀

1. 동사를 명사로 바꾼다?

우리가 일상생활에서 많이 사용하는 '~하는 것' 또는 '~하기'라는 말을 영어로는 어떻게 할까? 한국어에서도 처음부터 '~하는 것'이라는 말이 존재했던 것은 아니다. '공부하다, 듣다, 노래하다, 일하다, 만나다' 등과 같은 동사를 사용하다가 '공부하는 것[공부하기]은 정말 힘들다.', '노래하는 것[노래하기]은 정말 신난다.'처럼 필요해서 '~하는 것'이라는 말이 만들어졌다. 우리는 이것을 '동사를 명사로 바꾼다.', 또는 전문적인 표현으로 '동사의 명사화'라고 말한다.

동사			명사화
공부하다			공부하는 것[공부하기]
듣다			듣는 것[듣기]
노래하다	+ ~하는 것[~하기] →		노래하는 것[노래하기]
일하다	※ 동사 어미에 '-(하)는 것[-(하)기]'을 붙이면 된다.		일하는 것[일하기]
만나다			만나는 것[만나기]

그렇다면 영어에서 '~하는 것'에 해당하는 말은 무엇일까? '~하는 것'에 가장 가까운 의미를 지닌 말은 'to'이다. 동사 앞에 to를 붙여 명사로 만들고 '~하는 것'으로 해석한다. (to 부정사가 명사 역할을 하므로 to 부정사의 명사적 용법이라고 한다.')

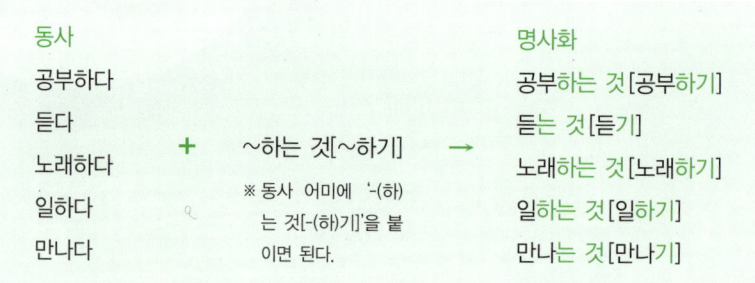

More View

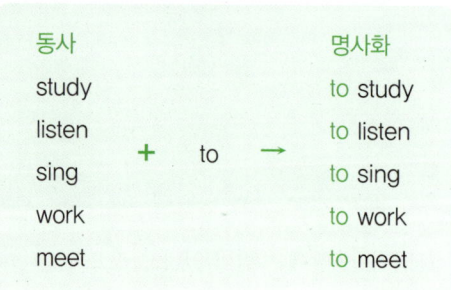

watch	보다			to watch	보는 것
eat	먹다			to eat	먹는 것
go	가다			to go	가는 것
sleep	잠자다	+ to	→	to sleep	잠자는 것
forgive	용서하다			to forgive	용서하는 것
love	사랑하다			to love	사랑하는 것
ride	타다			to ride	타는 것
boil	끓다			to boil	끓는 것

2 왜 'to 부정사'라고 부를까?

언어는 속성상 끊임없이 새로운 단어가 생기고 사라지기 때문에 그 수를 정확히 말하기 어렵고, 영어만 보더라도 to를 붙여 명사로 만들 수 있는 동사의 수는 무수히 많다. to 부정사(to-infinitive)란 용어의 의미도 여기에서 찾을 수 있다. infinitive는 '무한한, 끝없는'이란 의미의 infinite에서 유래한 것으로, to 뒤에 붙일 수 있는 동사의 개수가 부정확하다는 뜻에서 'to 부정사'라고 부르게 되었다.

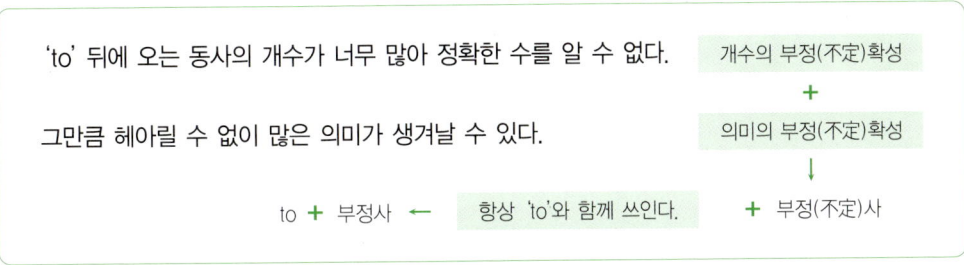

TIP to 부정사 (to-infinitive)

infinite ❶ 무한한, 무궁한, 끝없는(boundless); (시간·공간이) 무량(無量)의
❷ 막대한, 매우 큰[많은] infinite sums of money 막대한 금액
❸ 〈수학〉 무한의 an infinite quantity 무한대

Grammar Knowledge

to 부정사를 설명하는 방식에는 세 가지가 있다. 첫째는 말의 생성 과정에서, 둘째는 그 말의 문법적 역할에서, 셋째는 그에 따른 문장 안에서의 위치로 파악한다.

(1) 동사의 개수가 무수히 많고 또 시대가 바뀌면서 새로운 뜻이 나타났다가 사라지기도 하므로 to 뒤에 어떤 동사가 올지 정확하게 알 수 없다. to go/study/meet/walk/see/read/save/watch/eat/check/keep/think/

understand . . .

(2) 'to+동사 원형'이 형용사의 역할을 할지 또는 부사의 역할을 할지 'to+동사 원형'만 보아서는 알 수가 없다. 즉, 문맥과 문장에서의 쓰임을 고려하여 판단할 수 있고, 'to+동사 원형' 단독으로는 문법적 역할을 정할 수 없다.

① places **to go** (갈 장소들)
   ▶ to go가 명사 places 뒤에 쓰여 명사를 꾸며 주는 형용사 역할을 하고 있다.
② run **to go** (가기 위해서 뛰다)
   ▶ to go가 동사 run 뒤에 쓰여 동사와 내용상 연결되는 부사 역할을 하고 있다.

(3) 'to+동사 원형'이 문장에서 주어 역할을 하는지 목적어 역할을 하는지는 문장에서 어떻게 쓰이는지를 고려하여 판단할 수 있다.

① **To go** there alone is not a good idea. 거기에 혼자 가는 것은 좋은 생각이 아니다.
   ▶ to go는 문장 맨 앞에 쓰여 문장의 주어 역할을 하고 있다.
② I like **to go** there alone. 나는 거기에 혼자 가는 것을 좋아해.
   ▶ to go는 동사 뒤에 쓰여 문장의 목적어 역할을 하고 있다.

Grammar Check

1. '부정사'를 왜 만들었을까?
2. 동사를 명사화한 'to 부정사'에서 'to'는 무엇이라고 해석할 수 있을까?
3. 왜 '부정사'라는 이름이 붙었을까?

Comprehension Quiz

1 다음 문장에서 밑줄 친 부분을 올바르게 해석한 것은?

   To study English is important.

   ① 영어를 공부하기 위해서　　　② 영어를 공부하는 것
   ③ 영어를 공부하면서　　　　　④ 영어를 공부하고

2 다음 중 to 부정사로 볼 수 있는 것은?

   ① to you　　② to home　　③ to say　　④ to the meeting

3 다음 중 동사를 명사화한 것으로 바른 것은?

   believe　　help　　save　　have

   ① believing, helped, to save, has　　② to believe, helping, saved, to have
   ③ to believe, to help, to save, to have　　④ believed, to help, saving, had

4 다음 중 to 부정사를 사용하고 있는 문장은?

   ① To me, it is.　　② To study every day is important.
   ③ We open from Monday to Friday.　　④ The bus goes to the park.

5 다음 문장에서 to 부정사인 것은?

   ① To give this　② to you is a secret, so don't tell this　③ to anyone　④ to the end.

6 모두 몇 개의 to 부정사가 사용되었는지 쓰세요.

   I sent an email to you because I need to tell the time to you. You need to check the time before you come to the meeting. To come to the meeting on time is very important. Don't forget to leave home early!

7 to 부정사라는 이름이 붙은 근본적인 이유를 바르게 설명한 것은?

   ① to를 쓰면 내용이 부정확해지기 때문에
   ② 부정문이 만들어지기 때문에
   ③ to를 쓸 자리가 부정확하기 때문에
   ④ to 뒤에 쓸 수 있는 동사의 개수가 부정확할 만큼 많고, 그만큼 의미도 헤아릴 수 없이 많이 생겨날 수 있기 때문에

Reading & Writing **Practice**

[1~5] 다음 문장을 해석해 보세요.

1 To swim is fun.
   _____

2 To ride a bicycle is easy.
   _____

3 I want to go.
   _____

4 To use this is simple.
   _____

5 I need to see you.
   _____

[6~9] 다음 문장을 영어로 옮기세요.

6 이 문법 책을 읽는 것은 흥미롭다.
   _____

7 나는 단어 외우는 것을 좋아한다.
   _____

8 나는 이것을 나누기를 원한다.
   _____

9 희망을 가지는 것은 중요하다.
   _____

Lecture 02

'to 부정사'의 활용

Learning Goals

문장에서 사용 빈도수가 가장 높은 단어 배열은 무엇일까?

'to 부정사'를 쓸 수 있는 곳은 어디일까?

전치사 뒤에 'to 부정사'를 쓸 수 없는 이유는 무엇일까?

동사를 명사화한 'to 부정사'는 '~하는 것'으로 해석하며 문장에서 명사 자리에 쓸 수 있다.

02 LECTURE 'to 부정사'의 활용

1. 문장에서 'to 부정사'의 활용

동사를 명사화한 'to 부정사(to 부정사의 명사적 용법)'는 문장에서 명사 자리에 쓸 수 있다. 다음은 기본적이면서도 영어에서 가장 빈도수 높은 문장의 단어 배열이다. 반드시 기억해야 한다.

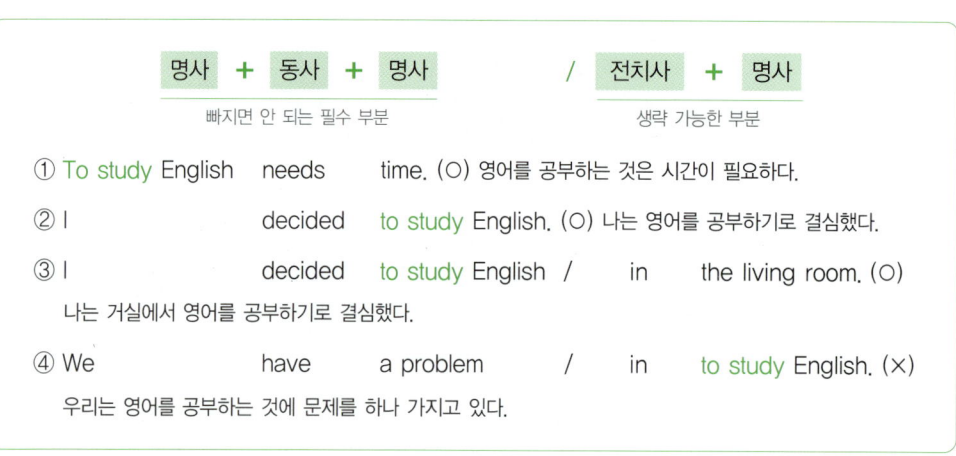

명사가 쓰이는 세 군데 자리에 to 부정사를 넣어서 명사처럼 쓸 수 있다. 빗금(slash) 앞 부분은 빠지면 안 되는 필수적인 부분이고, 빗금 뒤에 있는 부분은 생략 가능한 부분이다. 그런데 위 다섯 문장 가운데 틀린 문장이 하나 있는데 그것은 바로 ④번 문장이다. 왜냐하면 'to 부정사는 전치사 뒤에 쓸 수 없다.'라는 원칙을 어겼기 때문이다.

Grammar Knowledge

- '명사+동사+명사'를 '3형식'이라고 하고, '전치사+명사'를 '전치사구'라고 부른다.
- '명사+동사+명사 / 전치사+명사'의 단어 배열은 Commercial English, Simplfied English, Broadcasting English라고 부를 정도로 자주 사용하는 구조이므로 꼭 이 순서대로 글을 쓸 수 있도록 연습해야 한다. 영어를 다른 말로 SVO language('주어+동사+목적어' 언어)라고도 부를 만큼 '주어+동사+목적어'는 영어 문장의 대표적인 기본 틀이다.

2. 왜 'to 부정사'를 전치사 뒤에 쓸 수 없을까?

전치사에 동일한 발음과 철자를 가진 'to'가 있기 때문이다. to 부정사의 'to'는 새롭게 만들어진 말이 아니라 기존에 있던 전치사 'to'의 철자를 그대로 가지고 온 것이다.

(1) 전치사 'to'는 방향을 나타내며, '~에, ~로'의 뜻으로 쓰인다.

(2) 동사를 명사화한 to 부정사의 'to'는 '~하는 것'이라는 뜻으로 쓰인다.

Grammar Knowledge

to는 900년 전부터 쓰였다. 인도·유럽 어족의 어근 'de-'에서 유래한 것으로, 중세와 고대 영어의 'tō'를 거쳐 오늘날의 'to'에 이르렀다. 네덜란드어의 'te', 'toe'와 독일어의 'zu' 등과 같은 어원이다.

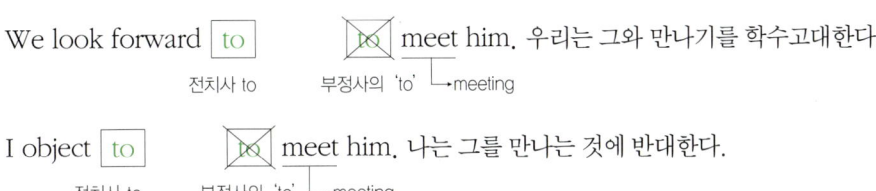

We look forward to ~~to~~ meet him. 우리는 그와 만나기를 학수고대한다.
　　　　　　　전치사 to　부정사의 'to' └→meeting

I object to ~~to~~ meet him. 나는 그를 만나는 것에 반대한다.
　　　전치사 to　부정사의 'to' └→meeting

전치사 'to' 바로 뒤에 to 부정사의 'to'를 쓰도록 허락하면 두 개의 'to'가 겹치게 된다. 전치사 'to'와 to 부정사의 'to'가 연달아 쓰이게 되므로 반복을 아주 싫어하는 영어에서는 당연히 사용을 꺼리게 되는 것이다. 따라서 전치사 뒤에는 to 부정사를 쓸 수 없다.

3. 전치사와 to 부정사 'to'의 반복을 피하는 방법

> (1) to 부정사의 'to'를 생략한다.
> (2) '동사 + -ing'형으로 만든다.

(1) to 부정사의 'to'를 생략한다.

We	have	a problem	in	to	study	English.
우리는	가지고 있다	문제를	안에	~하는 것	공부하다	영어를

I	object	to	~~to~~	change	the date.
나는	반대한다	~에	~하는 것	변경하다	그 날짜를

▶ 위의 두 문장 중 첫 번째 문장처럼, 말을 할때 to 부정사 바로 앞에 전치사 in이 있다면 또 다른 전치사 into와 혼동될 것이다. 그렇다고 두 문장 모두 to 부정사의 'to'를 생략하면 해석상 필요한 의미인 '~하는 것'이라는 의미가 빠져 올바르게 해석할 수도 없게 된다

(2) '~하는 것'이라는 의미는 유지하면서 동사 앞에 'to'를 쓰지 않고 명사화하는 새로운 말을 만들어야 한다.

▶ 동사 앞에 'to'를 붙여 명사화하는 to 부정사는 전치사 to와 중복되므로 동사 앞이 아니라 뒤에 붙여 명사로 만들 수 있는 방법을 찾아야 한다.

① 동사 'work' 뒤에 붙일 수 있는 것을 모두 붙여 보자.

work	+	-s	→	works(동사 O)
work	+	-ed	→	worked(동사 O)
work	+	-ing	→	working(동사 X)
work	+	-er	→	worker(동사 X)

▶ 동사를 명사로 만드는 방법에는 크게 동사 뒤에 '-er'을 붙이거나 '-ing'를 붙이는 두 가지 방법이 있음을 알 수 있다.

TIP -tion이 있기는 하지만 상당히 제한적이다. [e.g.] create → creation

② '동사+-er': 모든 동사에 쓸 수 있는 것이 아니다.
worker (O), liker (×), sayer (×), haver (×)

③ '동사+-ing': 동사 앞에 'to'를 붙이지 않고 동사를 명사화할 수 있는 방법이다.
work → working (O), like → liking (O), say → saying (O), have → having (O)

(3) 동사에 -ing를 붙인다.
We have a problem in studying English.
I object to changing the date.

Grammar Package

동사를 명사화하는 방법

❶ 동사 앞에 'to'를 붙여 'to 부정사'를 만든다.
I decided to like him. 나는 그를 좋아하기로 결심했다.

❷ to 부정사는 전치사 뒤에 쓸 수 없으므로 이 단점을 보완하기 위해 to를 빼고 대신에 동사에 '-ing'를 붙인다.

We look forward to ⬚to meet⬚ him. (×)

We look forward to ⬚meeting⬚ him. (○) 우리는 그와 만나기를 학수고대한다.

Grammar Knowledge

전치사 뒤에 to 부정사를 쓰는 대신 -ing를 붙여서 명사로 만든 단어를 동명사라고 하는데 동사를 명사로 만들었다고 해서 붙여진 이름이다. 동사를 명사로 바꿀 수 있는 방법은 크게 두 가지이다. to를 동사 앞에 쓰는 방법과 -ing를 동사에 붙이는 방법이다.

동사: love(사랑하다) → 명사: to love(사랑하는 것)
　　　　　　　　　　　 명사: loving(사랑하는 것)

More View

meet	만나다		meeting	만나는 것
study	공부하다		studying	공부하는 것
go	가다	-ing	going	가는 것
eat	먹다	'~하는 것'	eating	먹는 것
sleep	잠자다	(동사 어미에	sleeping	잠자는 것
help	돕다	'-(하)는 것'을	helping	돕는 것
fix	수리하다	붙인다.)	fixing	수리하는 것
understand	이해하다		understanding	이해하는 것

Grammar Check

1. 동사를 명사화한 to 부정사를 쓸 수 있는 자리는 '⬚명사⬚+⬚동사⬚+⬚명사⬚ / ⬚전치사⬚+⬚명사⬚'에서 모두 몇 군데일까?

2. to 부정사를 전치사 뒤에 쓰지 못하는 이유는?

3. '~하는 것'이라는 뜻의 to 부정사를 전치사 뒤에 꼭 써야 한다면 어떻게 해야 할까?

Comprehension Quiz

1. 사용 빈도수가 가장 높은 단어 배열은?
   ① 명사+명사+동사+명사+전치사
   ② 동사+명사+명사+전치사+명사
   ③ 명사+전치사+명사+동사+명사
   ④ 명사+동사+명사+전치사+명사

2. 1 [명사] + 2 [동사] + 3 [명사] / 4 [전치사] + 5 [명사] 에서 동사를 명사화한 to 부정사를 쓸 수 있는 자리를 모두 고르세요.

   _____

3. 다음 중 to 부정사가 잘못 사용된 문장은?
   ① I was asked to move to the left.
   ② I like to study with this book.
   ③ I thank you for to help me.
   ④ They tried to finish it by Monday.

4. 다음 빈칸에 들어갈 수 없는 말은?

   We talked about _____.

   ① going shopping ② shopping ③ to shop ④ the shop

5. 전치사 뒤에 to 부정사를 쓰지 않는 이유는?
   ① 전치사 to와 to 부정사의 to가 해석이 같기 때문에
   ② 전치사 to와 to 부정사의 to를 나란히 쓰면 발음과 철자가 겹치기 때문에
   ③ 전치사 to와 to 부정사의 to는 언제든 생략할 수 있기 때문에
   ④ 전치사 to와 to 부정사의 to가 같은 문법이기 때문에

6. 다음 to 부정사를 동명사로 바꿔 문장을 다시 쓰세요.

   To love another person needs patience. And to forgive another person needs courage.
   → _____

7. 다음 문장에서 동명사로 바꿀 수 있는 부분에 밑줄을 그으세요.

   To eat fresh fruits every day is good for our health. To exercise is also necessary. We need to eat fruits and to exercise regularly. To us, to keep a healthy body is important.

Reading & Writing **Practice**

[1~5] 다음 문장을 해석하세요.

1 To make a cake is easy.
_____

2 I have a special skill in making a cake.
_____

3 They decided to leave in the morning.
_____

4 They object to leaving in the morning.
_____

5 I like to sleep in the sofa.
_____

[6~9] 다음 문장을 영어로 옮기세요.

6 그것에 대해서 생각해 보는 것은 나를 행복하게 만든다.
_____

7 여기에서 뛰는 것은 위험하다.
_____

8 그는 인터넷으로 게임하는 것을 좋아한다.
_____

9 나는 그걸 보기를 학수고대하고 있는 중이다.
_____

동명사의 발생 배경

 Learning Goals

'to 부정사'의 두 가지 단점은 무엇일까?

'동명사'가 생긴 이유는 무엇일까?

'to 부정사'와 '동명사'처럼 한쪽의 영향을 받아 생긴 문법을 무엇이라고 할까?

사용 빈도수가 가장 높은 단어 배열에서 '동명사'를 쓸 수 있는 자리는?

앞에서 '동명사'가 전치사 뒤에 쓸 수 없는 'to 부정사'의 단점 때문에 만들어졌음을 알아보았다. 여기에서는 동명사가 생겨난 또 다른 이유를 살펴보자.

03 LECTURE 동명사의 발생 배경

1. 동명사가 만들어진 이유

동명사는 다음과 같이 변해 왔다.

> **Grammar Knowledge**
>
> unga, ung(450년 초반) → ende(450년 이후) → inde(1150년 초반) → inge(1475년 경) → ing(1475년 이후)
> 고대 영어에서 -ing는 **동사를 명사로** 바꾸는 데 아주 뛰어난 역할을 했다. 동사에 -ing를 붙여서 명사로 만든 다음 여기에 또 다른 명사와 함께 써서 **새로운 말들을** 만들었다.
>
> a living room(거실)　　　　　a swimming pool(수영장)
> a smoking room(흡연실)　　　a sleeping bag(침낭)
>
> 이렇게 동사에 -ing를 붙여서 다른 명사와 함께 쓸 수 있게 된 동명사는, 나중에 중세 영어(1150년 이후)와 근대 영어(1475년 이후)에 들어오면서 그 사용이 급격하게 늘어나게 된다. 이때부터 동사에 -ing가 붙은 말이 형용사로도 쓰이기 시작했다.
>
> a sleeping child(잠자는 아이)　　boiling water(끓는 물)
> a twinkling star(반짝이는 별)　　 a dancing girl(춤추는 소녀)
>
> -ing가 동사를 명사로 만드는 (동명사) 단계를 거쳐서 형용사로 쓰이는 (현재분사) 단계로 오기까지 1000년 가까운 시간이 걸렸다.

(1) 전치사 뒤에 to 부정사를 쓸 수 없는 단점을 보완하기 위해 만들어졌다고 볼 수 있다.

　　We look forward to [to meet] him. (×)
　　We look forward to [meeting] him. (○) 우리는 그와 만나기를 학수고대한다.

> **More View**
>
> ① I am looking forward to [to meet] you. (×)
> 　→ I am looking forward to [meeting] you. (○)
> 　　나는 너와 만나기를 학수고대하고 있다.
> ② We object to [to go] there. (×)
> 　→ We object to [going] there. (○)
> 　　우리는 거기에 가는 것에 반대한다.

③ She is interested in ⃞to study⃞ Korean history. (×)
→ She is interested in ⃞studying⃞ Korean history. (○)
그녀는 한국 역사를 공부하는 것에 흥미가 있다.

(2) 주어는 짧고 간단해야 하는데 to 부정사를 주어로 쓰면 아무리 짧아도 두 단어(to + 동사 원형)로 복잡해진다.

- To study is important. 공부하는 것은 중요하다. ▶ 주어 복잡.
  주어   동사
= Studying is important. ▶ 주어 간단.
  주어   동사

- To eat food regularly is necessary. 음식을 규칙적으로 먹는 것은 필수적이다. ▶ 주어 복잡.
  주어   동사
= Eating food regularly is necessary. ▶ 주어 간단.
  주어   동사

2 동명사의 활용

| 명사 + 동사 + 명사 | / | 전치사 + 명사 |

① Seeing   is   believing. (○) 보는 것이 믿는 것이다.
② I   like   watching a baseball game. (○) 나는 야구 경기 보는 것을 좋아한다.
③ We   talked   /   about   watching a baseball game. (○)
우리는 야구 경기 보는 것에 대하여 얘기했다.

동명사는 동사에 '-ing'를 붙여 명사화한 것으로, 'to 부정사는 전치사 뒤에 쓸 수 없다'는 to 부정사의 단점을 보완한 것이다. 동명사는 명사가 쓰이는 세 군데 자리에 모두 쓸 수 있다.

More View

'~하는 것'이라고 동일하게 해석할 수 있는 to 부정사와 동명사는 아래와 같이 바꿔 쓸 수 있다.

① Seeing is believing. 보는 것이 믿는 것이다.
  = To see is to believe.

② It began raining, so I started running.
　비가 오기 시작했다. 그래서 나는 뛰기 시작했다.
　= It began to rain, so I started to run.
③ I like reading and traveling. 나는 독서와 여행하는 것을 좋아한다.
　= I like to read and to travel.

Grammar Package

동사를 명사화한 to 부정사와 동명사는 둘 다 '~하는 것'으로 해석할 수 있다. 만일 서로 다른 문법이라면 해석이 달라야 하는데 이때의 to 부정사와 동명사는 해석이 같다. to 부정사도 동사를 명사로 바꿀 수 있고 동명사도 동사를 명사로 바꿀 수 있다. 즉, to 부정사와 동명사는 모두 동사를 명사화할 수 있다. 따라서 문법적인 역할이 같은 이런 경우엔 to 부정사와 동명사는 같은 문법이라고 할 수 있다. 하지만 동명사는 to 부정사의 단점을 보완하기 위해 생겼으므로 to 부정사를 보완하는 문법으로 생각하는 것이 좋다. 이렇게 to 부정사와 동명사처럼 한쪽이 다른 한쪽의 영향을 받아서 생긴 문법을 'Package Grammar' 또는 'Family Group'이라고 한다.

3 'to부정사'와 '동명사' 중 어느 것이 주어로 더 많이 쓰일까?

일반적으로 주어는 짧고 간단한 것이 좋기 때문에 'to 부정사'보다는 '동명사'를 주어로 쓰는 것이 보기에 편하다. to 부정사를 주어로 쓰면 동명사를 주어로 쓸 때보다 길어지고 복잡해지는데 이러한 단점을 감수하고서라도 to 부정사를 주어로 쓴다면 이는 to 부정사를 강조하겠다는 뜻이다.

To exercise every day is important. 매일 연습하는 것은 중요하다. ▶ 주어 강조.
　주어　　　　　　동사

= Exercising every day is important. ▶ 일반적인 문장.
　주어　　　　　　동사

More View

① Persuading him is difficult. 그를 설득하는 것은 어렵다.
　　주어　　　동사
→ To persuade him is difficult. ▶ 주어 강조.
　　주어　　　동사

② Gathering the information is your job. 정보를 모으는 것이 너의 일이다.
　　주어　　　　　　동사
→ To gather the information is your job. ▶ 주어 강조.
　　주어　　　　　　동사

③ Helping him is your responsibility. 그를 돕는 건 너의 책임이다.
  　　주어　　　동사

  → To help him is your responsibility. ▶ 주어 강조.
  　　주어　　　동사

④ Finishing the work requires skills. 그 일을 끝내는 건 기술이 필요하다.
  　　주어　　　　　동사

  → To finish the work requires skills. ▶ 주어 강조.
  　　주어　　　　　동사

⑤ Keeping a promise is basically important. 약속을 지키는 것은 기본적으로 중요하다.
  　　주어　　　　　동사

  → To keep a promise is basically important. ▶ 주어 강조.
  　　주어　　　　　동사

⑥ Attending the meeting is mandatory. 그 회의에 참석하는 것은 의무적이다.
  　　주어　　　　　동사

  → To attend the meeting is mandatory. ▶ 주어 강조.
  　　주어　　　　　동사

⑦ Meeting her is the first thing to do. 그녀를 만나는 것이 첫 번째로 해야 할 일이다.
  　　주어　　　동사

  → To meet her is the first thing to do. ▶ 주어 강조.
  　　주어　　　동사

⑧ Understanding grammar is easy and interesting. 문법을 이해하는 것은 쉽고 재미있다.
  　　주어　　　　　　동사

  → To understand grammar is easy and interesting. ▶ 주어 강조.
  　　주어　　　　　　동사

Grammar Check

1. 동사를 명사화한 to 부정사와 동명사는 문법적 역할이 같으며, 둘 다 '~하는 것[~하기]'이라고 해석할 수 있다. Ⓣ | Ⓕ

2. 'to 부정사'와 '동명사'는 동사를 명사화하는 같은 문법적 역할을 한다. Ⓣ | Ⓕ

3. '명사 + 동사 + 명사 / 전치사 + 명사'에서 동명사를 쓸 수 있는 자리는 모두 몇 군데일까?

4. 'to 부정사'와 '동명사' 중 어느 것이 주어로 더 많이 쓰일까? 그 이유는?

5. 동명사를 주어로 쓸 때보다 길어지고 복잡해지는 단점을 감수하고서라도 to 부정사를 주어로 썼다면 무슨 의미일까?

6. 문장에서 명사 대신에 그 자리에 to 부정사를 쓸 수 있다. Ⓣ | Ⓕ

7. to 부정사와 동명사처럼 한쪽이 다른 한쪽의 영향을 받아서 생긴 문법을 무엇이라고 하는가?

Comprehension Quiz

1 to 부정사의 결정적인 단점 중 하나는?

① 문장을 짧게 만든다. ② 자주 사용된다.
③ 동명사로 바꿀 수 있다. ④ 전치사 to와 발음과 철자가 같다.

2 1 명사 + 2 동사 + 3 명사 / 4 전치사 + 5 명사 에서 5번 자리에 쓸 수 있는 단어는?

① safe ② traveling ③ openly ④ help

3 1 명사 + 2 동사 + 3 명사 / 4 전치사 + 5 명사 에서 동명사는 쓸 수 있지만 to 부정사는 쓸 수 없는 곳은?

_____

4 다음 빈칸에 들어갈 말로 알맞은 것은?

> A: Jack called me.
> B: Why?
> A: He wanted to talk about _____ with me.
> B: He called me about that, too.

① having dinner ② have dinner ③ to have dinner ④ to having dinner

5 다음 표현을 전치사 뒤에 쓸 수 있는 형태로 바꾸세요.

(1) to keep a promise → _____
(2) to write a long mail → _____
(3) to catch a taxi → _____

6 다음 문장을 해석하세요.

(1) Looking around this place is interesting.
→ _____

(2) I am interested in looking around here.
→ _____

(3) Let's talk about looking around here.
→ _____

Reading & Writing Practice

[1~5] 다음 문장을 해석하세요.

1 I think buying it now is making money.
___

2 He started running in the rain.
___

3 Reading is important and writing is more important.
___

4 I am good at memorizing sentences.
___

5 We don't have any issues with helping them.
___

[6~9] 다음 문장을 영어로 옮기세요.

6 그는 여기에 사는 데 관심이 있다.
___

7 너와 함께 그 수업에 참석하는 것이 신난다.
___

8 이해하는 것은 쉽지만 연습하는 것은 어렵다.
___

9 그 메시지를 받은 후에 나는 그녀에게 전화했다.
___

Lecture 04

'in order to'를 쓰는 방법

Learning Goals

'in order to'는 어떻게 해석해야 할까?

영어는 반복을 대단히 싫어한다. 그렇다면 문장에서 계속 반복되는 'in order to'를 어떻게 해야 할까?

'~하기 위하여'를 정식(formal)과 약식(casual)으로 어떻게 표현할까?

앞에서 'to 부정사'의 의미와 문장에서 쓰이는 위치 및 역할에 대해서 살펴보았다. 글을 보다 길게 쓸 수 있고 더 자세한 정보를 제공할 수 있는 또 다른 'to'의 용법에 대해서 살펴보자.

 # LECTURE 04 'in order to'를 쓰는 방법

1. '~하기 위하여'를 영어로 어떻게 표현할까?

일상생활에서 '~하는 것'만큼이나 많이, 그리고 자주 사용하는 표현 중 하나가 '~하기 위하여'라는 말인데 영어로는 'in order to'이다.

동사		
공부하다		공부하기 위하여
운동하다	+ ~하기 위하여 →	운동하기 위하여
사랑하다		사랑하기 위하여

동사		
study		in order to study
exercise	+ in order to →	in order to exercise
love		in order to love

Grammar Knowledge

'~하는 것'으로 해석되는 to 부정사를 '명사적 용법'이라고 부르고, '~하기 위하여'로 해석되는 to 부정사(=in order to 구문)는 '부사적 용법'이라고 부르기도 한다.

<u>To check</u> the time is important. 시간을 <u>확인하는 것</u>이 중요하다.
▶ to 부정사가 문장의 주어로 쓰인 명사적 용법.

I need a watch <u>(in order) to check</u> the time. 나는 시간을 <u>확인하기 위해서</u> 시계가 필요하다.
▶ to 부정사가 동사 need와 내용상 연결되는 부사적 용법(시간을 확인하기 위하여 → 필요하다).

2. 'in order to'를 'to'로 줄여 쓰는 이유

다음 글을 읽어 보자.

in order to가 계속 반복된 부자연스러운(unnatural) 글

> I woke up at six in order to go to work. I took the subway in order to avoid the unnecessary traffic jams. I went up to the office in order to call my friend. I checked my e-mail in order to see the schedule. I went down to the faculty room in order to make some copies, and I came in the class in order to teach. Now I am teaching this class in order to make my students really happy.

↓

to로 짧게 줄임으로써 자연스러워진(natural) 글

> I woke up at six to go to work. I took the subway to avoid the unnecessary traffic jams. I went up to the office to call my friend. I checked my email to see the schedule. I went down to the faculty room to make some copies, and I came in the class to teach. Now I am teaching this class to make my students really happy.
>
> 나는 일하러 가기 **위해서** 6시에 일어났다. 불필요한 교통 정체를 피하기 **위해서** 나는 지하철을 탔다. 나는 내 친구에게 전화를 하기 **위해** 사무실로 올라갔다. 나는 일정을 알아보기 **위해서** 내 이메일을 확인했다. 나는 복사를 몇 장 하기 **위해** 교무실로 내려갔다가, 수업을 하기 **위해서** 교실로 들어왔다. 이제 나는 내 학생들을 정말 행복하게 만들어 주기 **위해서** 이 수업을 하고 있다.

▶ 'in order to'가 계속 반복되어 부자연스러웠던(unnatural) 글이 'in order'를 생략하고 'to'만 넣으니 훨씬 자연스러운(natural) 글이 되었다.

영어는 반복을 매우 싫어하기 때문에 'in order to'의 계속적인 반복을 피하기 위해 'in order'를 생략하고 'to'만 쓴다. 만일 'in order to'를 to로 줄이지 않고 모두 쓰면 강조하는 말이 된다.

I took a seat behind the tree in order to avoid people's eyes.

= I took a seat behind the tree ~~in order to~~ avoid people's eyes.
　나는 사람들의 눈을 피하기 위해서 그 나무 뒤에 앉았다.

3 'to 부정사의 구별: '~하는 것' vs. '~하기 위하여'

'to see'가 '~하는 것'으로 해석이 될까요? 아니면 '~하기 위하여'로 해석이 될까요? 마찬가지로, 다음의 말들이 '~하는 것'의 to인지 '~하기 위하여'의 to인지 구별할 수 있나요?

> to change
> to study   → 단순히 여기에 나와 있는 형태만봐서는 어느 것이 '~하는 것'이
> to manage   라는 뜻으로 쓰인 to 부정사(명사적 용법)이고 어느 것이 '~하기
> to attend   위하여(=in order to)'라는 뜻으로 쓰인 to 부정사(부사적 용법)인
>   지 구별할 수 없다.

(1) 문장 속에서 해석을 통해 알 수 있다.

   I bought a ticket to see a movie. 나는 영화를 보기 위하여 표를 샀다.
   ▶ '~하기 위하여(in order to)'라는 뜻의 to.

   To see a movie, I called my friend. 영화를 보기 위하여 나는 친구에게 전화했다.
   ▶ '~하기 위하여(in order to)'라는 뜻의 to.

   To see a movie costs money. 영화를 보는 것은 돈이 든다. ▶ '~하는 것'이라는 뜻의 to(주어 역할).

   I like to see a movie. 나는 영화 보는 것을 좋아한다. ▶ '~하는 것'이라는 뜻의 to(주어 역할).

(2) 'to'가 들어간 표현을 생략했을 때 문법이 틀리지 않으면 'in order to(~하기 위하여)'의 to이 다. 반면, 생략했을 때 문법이 틀리면 '~하는 것'이라고 해석할 수 있는 'to 부정사(~하는 것)' 의 to이다.

   I bought a ticket ~~to see a movie~~. → 문법(○), 내용 전달(○): '~하기 위하여'라는 뜻의 to.
   주어 동사   목적어

   ~~To see a movie,~~ I bought a ticket. → 문법(○), 내용 전달(○): '~하기 위하여'라는 뜻의 to.
                      주어 동사   목적어

   ~~To see a movie~~ costs money. → 문법(×), 내용 전달(×): '~하는 것'이라는 뜻의 to.
                  동사   목적어
   ▶ 문장에서 주어가 없으므로 문법적으로도 틀리고, 정확한 내용도 전달되지 않는다.

   I like ~~to see a movie~~. → 문법(○), 내용 전달(×): '~하는 것'이라는 뜻의 to.
   주어 동사
   ▶ 문장에서 목적어가 없기 때문에 문법적으로도 미완성이고 무엇을 좋아하는지 정확한 내용도 전달되지 않는다.

Grammar Package

'~하기 위하여'라는 뜻으로 쓰여 in order to와 바꿔 쓸 수 있는 to 부정사(부사적 용법)와 '~하는 것'이라는 뜻으로 쓰이는 to 부정사(명사적 용법)는 쓰이는 위치에 차이가 있다.

❶ 'in order to(~하기 위하여)'는 모든 문장의 **맨 앞**과 **맨 뒤**에 쓸 수 있는 부연 설명이어서 삭제해도 문법이 틀리지 않는다.

I came here (in order to) see you. 나는 너를 보기 위하여 여기에 왔다. ▶ 부연 설명으로 생략 가능.

(In order) to see you, I came here. 너를 보기 위하여 나는 여기에 왔다.

❷ '~하는 것'이라고 해석할 수 있는 to 부정사는 문장에서 첫 번째 명사 자리(주어)와 그 다음 명사 자리(목적어나 보어)에 쓸 수 있다. 따라서 이 'to 부정사(~하는 것)'를 생략하면 문장에서 주어나 목적어를 생략하게 되는 것이므로 문법이 틀리게 된다.

To sing is my hobby. 노래하는 것은 나의 취미다. ▶ 주어 자리에 쓰여 생략 불가능.
주어 동사 목적어

I like to sing. 나는 노래하는 것을 좋아한다. ▶ 목적어 자리에 쓰여 생략 불가능.
주어 동사 목적어

More View

'(in order) to+동사 원형'은 삭제하더라도 문법에 영향을 주지 않기 때문에 문장 앞뒤에 모두 쓸 수 있다.

① I opened the door. + (in order) to enter

나는 문을 열었다. + 들어가기 위하여

→ (In order) to enter, I opened the door. 들어가기 위하여 나는 문을 열었다.

→ I opened the door (In order) to enter.

② Susan shouted at me. + (In order) to warn

Susan은 나에게 소리쳤다. + 경고를 하기 위하여

→ (In order) to warn, Susan shouted at me. 경고를 하기 위하여 Susan은 나에게 소리쳤다.

→ Susan shouted at me (In order) to warn.

③ Some students raised their hands. + (In order) to ask a question

몇몇 학생들이 손을 들었다. + 질문을 하기 위하여

→ (In order) to ask a question, some students raised their hands.
질문을 하기 위하여 몇몇 학생들이 손을 들었다.

→ Some students raised their hands (In order) to ask a question.

④ He took a bus. + (In order) to go home

그는 버스를 탔다 + 집에 가기 위하여

→ (In order) to go home, he took a bus. 그는 집에 가기 위하여 버스를 탔다.

→ He took a bus (In order) to go home.

Grammar Knowledge

전통 문법에서는 in order to 구문과 바꿔 쓸 수 있는 to 부정사를 to 부정사의 **부사적 용법**이라고 부르기도 한다. '(in order) to'는 문장 앞과 뒤에 쓰여 부연 설명을 해 주므로 동사와 자유로이 함께 쓸 수 있다.

4 언제 'in order to'를 쓰고, 언제 'in order'가 생략된 'to'를 쓸까?

(1) 평상시의(casual) 표현에서는 'in order'가 생략된 'to'만 쓴다.

(2) 정식(formal) 표현이거나 공손함과 강조를 나타낼 때에는 'in order to'를 사용한다.

More View

① Casual → I came here to see Dr. Lee. 저는 이 선생님을 만나러 왔어요.
　Formal → I came here in order to see Dr. Lee. 저는 이 선생님을 만나기 위해서 왔습니다.
② Casual → To apologize, Susan came here. 사과하러 Susan이 여기에 왔어요.
　Formal → In order to apologize, Susan came here. 사과를 하기 위하여 Susan이 여기에 왔습니다.

5 to 부정사의 'to(~하기 위하여)'와 전치사 'for(~을 위해서)'

다음 두 문장은 해석상 비슷한 뜻이지만 내용의 구체성에서는 차이가 난다. 'to(~하기 위하여)'를 사용하면 훨씬 더 구체적으로 내용을 전달할 수 있다.

I work to help you. 나는 너를 돕기 위하여 일한다. ▶ 더 구체적임.

I work for you. 나는 너를 위해서 일한다.

More View

① I studied to take a pop quiz. 나는 쪽지 시험을 치르기 위하여 공부했다.
　→ I studied for a pop quiz. 나는 쪽지 시험을 위해서 공부했다.
② I pray to wish your success. 나는 너의 성공을 빌기 위하여 기도한다.
　→ I pray for you. 나는 너를 위해서 기도한다.

③ Jack went to the store to buy some bread. Jack은 약간의 빵을 사기 위하여 가게에 갔다.
→ Jack went to the store for some bread. Jack은 약간의 빵을 위해서 가게에 갔다.

Grammar Knowledge

'I work to help you.'에서 to help you는 동사 work와 내용상 연결되는 부사적 용법이라 할 수 있다.
'I work for you.'에서 전치사구 for you도 동사 work와 내용상 연결되는 부사적 용법이라 할 수 있다.

Grammar Check

1. 'in order to'를 왜 'to'로 짧게 줄일까?

2. '~하기 위하여'라고 해석할 수 있는 to와 '~하는 것'이라고 해석할 수 있는 to를 구별하는 방법 두 가지는?

3. 문장 속에서 'in order to'가 주로 쓰이는 위치는?
   ① _____   ② _____

4. 영어로 '~하기 위하여'를 정식(formal)으로 말하고 싶으면 _____ 를 쓴다.

5. 영어로 '~하기 위하여'를 약식(casual)으로 말하고 싶으면 _____ 를 쓴다.

6. to와 '(in order) to' 구문은 문장의 부연 설명이므로 삭제해도 문법이 틀린 것은 아니다. ⓣ | ⓕ

7. '~하는 것'의 'to'와 '~하기 위하여'의 'to'는 문법적 역할이 같다. ⓣ | ⓕ

8. to 부정사가 명사 자리에 와서 주어나 목적어로 쓰이면 생략해도 문법에 아무런 지장이 없다.
   ⓣ | ⓕ

9. to 부정사의 'to(~하기 위하여)'와 전치사 'for(~을 위해서)'를 이용하여 문장을 만들 때 의미가 좀 더 구체적인 것은 둘 중에 어느 것인가?

Comprehension Quiz

1. 다음 중 to의 용법이 다른 하나는?
   ① I bought this book to study.   ② I bought this book to read.
   ③ To give this to you, I bought the book.   ④ I hope to buy the book.

2. 밑줄 친 말 중 강조의 어감이 거의 없는 것은?
   ① I looked for my key in order to open the door.
   ② In order to open the door, I looked for my key.
   ③ I looked for my key to open the door.
   ④ To open the door, I looked for my key.

3. 다음 빈칸에 적절한 설명을 써 넣으세요.

   > 영어는 _____을 싫어한다. 그런데 '~하기 위하여'라는 뜻의 _____는 실생활에서 대단히 자주 쓰는 표현으로 의미상 반복적으로 쓸 가능성이 크다. 그래서 _____를 짧게 _____로 줄여서 사용하는 경우가 많다. 예를 들면, in order to return은 _____으로 짧게 줄여서 쓸 수 있다.

4. 다음 중 '~하기 위하여'로 해석이 되지 않는 것은?
   ① I need to see you.
   ② She called me to talk.
   ③ I did this in order to help you.
   ④ To sleep, I went to bed.

5. 'to memorize quickly(빨리 외우기 위해서)'가 들어갈 수 있는 자리를 모두 표시하세요.

   ① I   ② repeat   ③ the   ④ words   ⑤ .

   ※ 주어와 동사 사이에 in order to 구문을 삽입하여 쓰기도 하지만 흔한 경우는 아니다. 주로 강조의 목적으로 쓰인다.

6 다음 중 'in order to turn the channel'을 넣을 수 없는 곳은?

① We   ② need   ③ the remote control   ④ .

7 다음 중 '~하기 위하여'라는 목적의 의미를 가장 강조하고 있는 문장은?

① In order to warn drivers, the sign was blinking.
② To warn drivers, the sign was blinking.
③ The sign was blinking in order to warn drivers.
④ The sign was blinking to warn drivers.

8 다음 우리말을 영어로 옮겨 보세요.

(1) 만나기 위해서   → _____

(2) 노력하기 위해서 → _____

(3) 바꾸기 위해서   → _____

(4) 마시기 위해서   → _____

(5) 닫기 위해서   → _____

Reading & Writing Practice

[1~5] 다음 문장을 해석하세요.

1 We read this book to study English.
   _____

2 In order to meet you, I waited for many hours.
   _____

3 Some people like to eat vegetables in order to lose weight.
   _____

4 I left the office to go home.
   _____

5 To use this, you need coins.
   _____

[6~9] 다음 문장을 영어로 옮기세요.

6 그것을 고치기 위해서 나는 이것이 필요하다.
   _____

7 그는 시간을 물어보기 위해서 나에게 왔다.
   _____

8 그 선생님은 우리를 테스트하기 위해서 우리에게 빈 종이를 주었다.
   _____

9 거기에 빨리 도착하기 위해선 우리는 택시를 탈 필요가 있다.
   _____

Grammar Application to Reading

'~하기 위하여(=in order to)'라는 뜻의 to 부정사를 쓰기 전의 글과 쓰고 난 후의 글을 비교해 보자.

Before

Dr. Stanley Milgram invited local people. He asked them to obey his command. The subjects agreed. Milgram prepared a shock generator. This generator gives electric shocks. It has 30 buttons. Each button delivers 15 more volts. When the subjects (students) made an error, the other subjects (teachers) gave the students an electric shock. Milgram ordered to continue. The subjects (students) made an error continuously.

When the subjects (students) received 75 volts, they grunted. In 120 volts, they shouted in pain. In 150 volts, the subjects (students) begged to stop. When it reached 200 volts, the subjects (students) made blood-curdling screams. With the 300-volt electric shocks, they mumbled something about a heart condition. Milgram ordered to go on to the teachers. In 330 volts, only silence. People would die in 330 volts. In 400 volts, nothing from the students.

Surprisingly, 65% of the participants went on and pushed the last button in 450 volts. This experiment brought a huge controversial issue. However, it proves that ordinary people involve inhuman activities with a pressure from a high authority.

In fact, the subjects (students) were good actors. They did not receive any electric shocks. They were acting.

Grammar
Application to Reading

After

Dr. Stanley Milgram invited local people to conduct a research. He asked them to obey his command to enhance the result. The subjects agreed. Milgram prepared a shock generator to give electric shocks to the subjects. To make the subjects memorize the words, this generator gives electric shocks. It has 30 buttons to generate shocks. Each button delivers 15 more volts to reach 450 volts. When the subjects (students) made an error, the other subjects (teachers) gave the students an electric shock to remind them of the answer. To give the stress to them, Milgram ordered to continue. The subjects (students) made an error continuously.

When the subjects (students) received 75 volts, they grunted. In 120 volts, they shouted in pain. In 150 volts, the subjects (students) begged to stop. When it reached 200 volts, the subjects (students) made blood-curdling screams to get out. With the 300-volt electric shocks, they mumbled something about a heart condition to inform their physical condition to the other subjects (teachers). To add more stress to the teachers, Milgram ordered to go on to the teachers. In 330 volts, only silence. People would die in 330 volts. In 400 volts, nothing from the students.

Surprisingly, 65% of the participants went on and pushed the last button in 450 volts to obey the command. This experiment brought a huge controversial issue. However, it proves that ordinary people involve inhuman activities with a pressure from a high authority to escape the stress and to avoid the responsibility.

In fact, the subjects (students) were good actors. They did not receive any electric shocks. They were acting to help the experiment.

Lecture 05

'to'의 종류

 Learning Goals

대표적으로 많이 쓰이는 세 가지 종류의 'to'는 무엇일까?

한 문장 안에 이 세 가지 종류의 'to'를 모두 쓸 수 있을까?

만약 한 문장 안에 여기에서 설명한 세 가지 종류의 'to'를 모두 쓸 수 있다면 그 문장은 어떤 이점이 있을까?

> 영어에는 대표적으로 많이 쓰이는 세 가지 종류의 to가 '~하는 것'이라는 뜻으로 쓰일 때와 '~하기 위하여(=in order to)'라는 뜻으로 쓰일 때 두 가지를 살펴보았다. 여기에서는 다른 한 가지에 대해서도 같이 살펴보도록 하겠다.

05 LECTURE 'to'의 종류

1. 대표적으로 많이 쓰이는 'to'의 세 종류

(1) '~하는 것[~하기]'이라는 뜻의 to → I want to call you. 전화하는 것
  ▶ to 부정사의 명사적 용법.

(2) '~하기 위하여(= in order to)'라는 뜻의 to → I went to tell you. 말하기 위하여
  ▶ to 부정사의 부사적 용법.

(3) 전치사(~에, ~로)로 쓰인 to → I went to church. 교회에

Grammar Knowledge

to 부정사의 용법에는 앞에 나온 명사적 용법과 부사적 용법 외에도 '~하는[~할]'이라는 뜻의 형용사적 용법도 있다.
Please give me something to eat. 제게 먹을 것 좀 주세요.

※ to 부정사의 형용사적 용법은 여기에서 다룬 세 가지 종류의 to에 익숙해진 다음에 익히기 위해서 아직은 다루지 않습니다.

2. 한 문장에 이 세 가지 종류의 'to'를 모두 쓸 수 있을까?

to 부정사 중 '~하는 것'이라는 뜻의 to, '~하기 위하여(= in order to)'라는 뜻의 to, 그리고 전치사 to를 한 문장 안에 적절히 섞어 쓰면 글의 수준을 높일 수 있다.

We decided to visit Death Valley to experience the high temperature on the way to Las Vegas.
  ~하는 것   ~하기 위하여   ~에

우리는 라스베가스로 가는 길에 높은 온도를 경험해 보기 위하여 Death Valley(죽음의 계곡)에 방문하기로 결정했다.

▶ 서로 다른 종류의 세 가지 'to'를 한 문장에 쓰면 더 자세하게 내용을 전달할 수 있고, 문장도 자연스레 길어져 문장의 수준도 높일 수 있다.

More View

세 가지 종류의 'to'를 활용하여 문장 늘리는 연습을 해 보자.

① 나는 좋아했다.
→ I liked.

나는 가는 것을 좋아했다.
→ I liked to go.

나는 디즈니랜드에 가는 것을 좋아했다.
→ I liked to go to Disneyland.

나는 불꽃놀이를 보기 위해서 디즈니랜드에 가는 것을 좋아했다.
→ I liked to go to Disneyland to see the fireworks.

② 우리는 시도했다.
→ We tried.

우리는 공부하는 것을 시도했다.
→ We tried to study.

우리는 영어 공부하는 것을 시도했다.
→ We tried to study English.

우리는 시험을 보기 위해서 영어 공부하는 것을 시도했다.
→ We tried to study English to take the test.

③ 그는 동의했다.
→ He agreed.

그는 오는 데 동의했다.
→ He agreed to come.

그는 그 회의에 오는 데 동의했다.
→ He agreed to come to the meeting.

그는 우리를 돕기 위해서 그 회의에 오는 데 동의했다.
→ He agreed to come to the meeting to help us.

④ 그녀는 기억했다.
→ She remembered.

그녀는 보내는 것을 기억했다.
→ She remembered to send.

그녀는 그 편지를 보내는 것을 기억했다.
→ She remembered to send the letter.

그녀는 학교에 그 편지를 보내는 것을 기억했다.
→ She remembered to send the letter to the school.

그녀는 요청하기 위해서 학교에 그 편지를 보내는 것을 기억했다.
→ She remembered to send the letter to the school to request.

그녀는 신청서를 요청하기 위해서 학교에 그 편지를 보내는 것을 기억했다.
→ She remembered to send the letter to the school to request the application form.

⑤ 나는 약속했다.
→ I promised.

나는 갈 것을 약속했다.
→ I promised to go.

나는 체육관에 갈 것을 약속했다.
→ I promised to go to the gym.

나는 그녀와 함께 체육관에 갈 것을 약속했다.
→ I promised to go to the gym with her.

나는 운동하기 위해서 그녀와 함께 체육관에 갈 것을 약속했다.
→ I promised to go to the gym with her to exercise.

Grammar Package

문법을 알아간다는 것: 문장의 수준이 높아지고 있다는 것.

문법은 아는데 영어를 못한다는 말은, 배운 문법이 어떻게 문장 속에 들어가는지 확인하지 않아서 그렇다. 앞으로는 배운 문법으로 꼭 문장을 만들어 확인하는 습관을 기르도록 하자. 특히, '명사+동사+명사 / 전치사+명사'의 순서를 꼭 기억하도록 하자.

명사	+	동사	+	명사	/	전치사	+	명사
I		left		my room	/	in		a mess.
I		promised to go			/	to		the gym.

3 to 부정사의 부정

not을 to 부정사 바로 앞에 붙여서 to 부정사의 내용만 부정한다.

She promised to call him. 그녀는 그에게 전화할 것을 약속했다.
→ She promised not to call him. 그녀는 그에게 전화하지 않을 것을 약속했다. ▶ 부분 부정.

She promised to call him. 그녀는 그에게 전화할 것을 약속했다.
→ She did not promise to call him. 그녀는 그에게 전화할 것을 약속하지 않았다. ▶ 전체 부정.

More View

① Don't pretend to understand. 이해하는 척하지 마라.
  → Don't pretend not to understand. 이해 못하는 척하지 마라.
② I advised him to invite her. 나는 그에게 그녀를 초대할 것을 조언했다.
  → I advised him not to invite her. 나는 그에게 그녀를 초대하지 말 것을 조언했다.

4 to 부정사를 목적어로 취하는 동사

영어에서 사용 빈도수가 가장 높은 문장의 단어 배열인 '명사(주어) + 동사 + 명사(목적어) / 전치사 + 명사(전치사의 목적어)'에서 두 번째 자리에 어떤 동사가 오느냐에 따라 세 번째 위치의 목적어 자리에 'to 부정사'를 쓸지 '동명사'를 쓸지가 결정될 때도 있다.

★ to 부정사(~하는 것)를 목적어로 써도 내용이 어색하지 않은 동사 그룹이 있다.

agree	remember		가는 것에 동의하다	갈 것을 기억하다
promise	arrange		가는 것을 약속하다	가는 것을 정하다[준비하다]
plan	try	+ to go →	가는 것을 계획하다	가는 것을 시도하다
hope	refuse		가는 것을 희망하다	가는 것을 거절하다
prepare	decide		가는 것을 준비하다	가는 것을 결심[결정]하다

★ to 부정사(~하는 것)를 목적어로 쓰면 내용이 어색해지는 동사 그룹이 있다.

burp	kick		가는 것을 트림하다	가는 것을 차다
drink	copy		가는 것을 마시다	가는 것을 복사하다
jump	wash	+ ~~to go~~ →	가는 것을 점프하다	가는 것을 씻다
laugh	come		가는 것을 웃다	가는 것을 오다
spit	eat		가는 것을 뱉다	가는 것을 먹다

Grammar Package

to 부정사(~하는 것)를 쓰는 동사
여기에 있는 동사들은 뒤에 어떤 'to 부정사'를 써도 내용이 자연스럽다.

advise	afford	agree	allow	arrange
ask	attempt	beg	bother	care
cause	challenge	choose	claim	decide
demand	deserve	encourage	expect	fail
force	forget	happen	hesitate	hire
hope	instruct	learn	manage	mean
need	offer	order	persuade	plan
prepare	pretend	promise	refuse	regret
remember	rush	seem	struggle	swear
teach	tell	tend	threaten	try
volunteer	wait	want	warn	wish

Grammar Knowledge

(1) '~하기 위하여[~하러]'라는 목적의 뜻을 나타내는 to는 in order to로 바꿔 쓸 수 있다. 이때의 to는 동사를 꾸며 준다고 해서 'to 부정사의 부사적 용법'이라고 한다. 한편, in order to 구문은 모든 동사를 내용상 꾸며 줄 수 있으므로 어떤 동사라도 자유롭게 함께 쓸 수 있다.

(2) advise, afford, agree처럼 뒤에 to 부정사를 쓸 수 있는 동사들을 'to 부정사를 목적어로 취하는 동사'라고 부른다.

More View

동사에 -ed나 -ing가 붙어서 그 모양이 바뀌어도 **to 부정사를 목적어로** 취하는 데에는 변함이 없다.

① 나는 밤을 지새우기로 결정했다.
   → I decided to stay up all night.

② 그녀는 시험에 합격할 것이라고 예상했다.
   → She expected to pass the exam.

③ 그는 휴가 때 일본을 방문할 계획이다.
   → He is planning to visit Japan on vacation.

④ 그는 나에게 돈을 빌려주기를 거절했다.
   → He refused to lend me money.

⑤ 나는 항상 너를 위한 파티를 열고 싶었어.
   → I've always wanted to throw a party for you.

5. to 부정사를 취하는 형용사

감정 표현과 관련 있는 형용사 뒤에는 to 부정사를 자유롭게 쓸 수 있다.

glad to	proud to	shocked to	eager to
happy to	willing to	stunned to	careful to
pleased to	motivated to	sorry to	hesitant to
relieved to	ready to	sad to	reluctant to
lucky to	prepared to	upset to	afraid to
fortunate to	surprised to	disappointed to	anxious to
amazed to	astonished to		

이 단어들은 모두 be 동사와 함께 쓰여서 다음과 같이 쓸 수 있다.

I am glad to see you. 나는 너를 만나게 되어서 기쁘다.
She is happy to hear the news. 그녀는 그 소식을 듣고 행복해 한다.
They are ready to go. 그들은 갈 준비가 되었다.

Grammar Knowledge

(1) 형용사에 '~이다'라는 be 동사를 붙이면 동사처럼 해석할 수 있으므로 be 동사와 형용사를 하나의 동사로 볼 수 있다.

명사(주어)	+	동사	+	명사(목적어)
I	+	am glad	+	to see you.

＊ to see you에서 you는 see의 목적어로 본다.

(2) be 동사와 형용사를 떼어 놓고 각각의 기능을 하는 단어로도 볼 수 있다.

6. too … + to 부정사: '너무(도) ~해서 ~할 수 없다'

'too + 형용사 + to + 동사 원형'은 '너무(도) ~해서 ~할 수 없다'라는 뜻의 부정문을 만드는 표현이다. '~할 수 없다'에서 부정어 not을 넣어야 할 것 같지만, too 안에 이미 not의 의미가 포함되어 있으므로 반복해서 not을 쓰지 않도록 주의해야 한다.

You are too good for me to marry. ▶ 부정의 뉘앙스.

너는 내가 결혼하기에는 너무 과분하다.(너는 너무 잘나서 내가 결혼할 수 없다.)
You are very good for me to marry. ▶ 긍정의 뉘앙스.
너는 내가 결혼하기에 아주 좋다.

This is too heavy for me to lift. ▶ 부정의 뉘앙스.
이것은 내가 들어올리기에는 너무 무겁다.(이것은 너무 무거워서 내가 들어올릴 수 없다.)

This is very heavy for me to lift. ▶ 긍정의 뉘앙스.
이것은 내가 들어올리기에 매우 무겁다.

The test was too difficult for the students to finish in an hour. ▶ 부정의 뉘앙스.
그 시험은 너무 어려워서 학생들이 한 시간 안에 끝마칠 수 없었다.

The test was very difficult for the students to finish in an hour. ▶ 긍정의 뉘앙스.
그 시험은 학생들이 한 시간 안에 끝내기엔 매우 어려웠다.

Grammar Knowledge

'too . . . + to 부정사'에서 to 부정사는 생략해도 문법이 틀리지 않는다. 이때 too는 '너무 ~한'이라는 뜻의 부사로 보면 된다.
It is too heavy. 그것은 너무 무거워.
It is too simple. 그건 너무 간단해.

Grammar Check

1. 대표적으로 많이 쓰이는 세 가지 종류의 'to'의 뜻을 나열해 보자.
2. 문장에서 세 가지 종류의 'to'를 찾아볼 수 있는 주된 위치는?
3. to 부정사는 모두 동사 뒤에 자유롭게 쓸 수 있다. Ⓣ | Ⓕ
4. to 부정사를 목적어로 취한다는 말은 무슨 뜻일까?

7. 생활 속의 to

다음 표현들은 to 부정사를 더 깊이 이해하는 데 도움을 줄 것이다. 여러 번 읽어서 내 것으로 만드는 것이 좋다. 그동안 배운 to 부정사를 문장에서 찾아볼 수 있을 때 진정한 실력이 있다고 할 수 있다.

I want to buy batteries. 나는 배터리 사기를 원한다.

You need to order something. 당신은 무엇인가를 주문할 필요가 있다.

Don't pretend (not) to understand! 이해 (못) 하는 척하지 마!

* pretend: ~하는 척하다 → Don't pretend to know (everything). 아는 척하지 마.
  Don't pretend not to know. 모르는 척하지 마.

We decided to go to the Armenian restaurant.
우리는 아르메니아 식당에 가기로 결정했다.

You promised to meet me at 7. 너는 나와 7시에 만나기로 약속했잖아.

I hesitated to answer. 나는 대답하는 것을 망설였다.

You should remember to pay before the due date.
너는 만기일 전에 지불하는 것을 기억해야 한다.

* due date: 만기일

I love to go there. 나는 거기에 가는 것을 좋아한다.

We were planning to have a party. 우리는 파티를 여는 것을 계획 중이었다.

I hope to see you soon. 나는 곧 너를 보기를 바란다.(조만간 보기를 바래.)

I forgot to call her. Darn! 나는 그녀에게 전화하는 것을 잊어버렸어요. 젠장!

* darn은 damn과 같은 종류의 욕으로, damn보다 약한 정도의 좀 더 귀여운 표현이라 할 수 있다. 주로 여자들이 많이 사용한다. 참고로, shit의 완곡한 말은 shoot이다.

Do you want to go to the restaurant? 너는 그 식당에 가기를 원하니?(너는 그 식당에 가고 싶니?)

What do you want to have/eat? 넌 뭘 먹기를 원하니?(넌 뭘 먹고 싶니?)

I would like to ask a few things. 저는 몇 가지 여쭤보기를 원합니다.(저는 몇 가지 여쭤 보고 싶어요.)

People waited to see Leonardo Dicaprio. 사람들은 Leonardo Dicaprio를 보기 위해서 기다렸다.

= People waited in order to see Leonardo Dicaprio.

I studied so hard in order to get a scholarship. ▶ Formal, 강조의 의미.
나는 장학금을 받기 위해서 아주 열심히 공부했다.

= I studied so hard ~~in order~~ to get a scholarship. ▶ Casual

In order to get there early, I drove 9 hours a day.
거기에 일찍 도착하기 위해서 나는 하루에 아홉 시간을 운전했다.

I went out in order to see what was happening.

나는 무슨 일이 일어나고 있는지를 보기 위해서 밖으로 나갔다.

Well, I came here in order to apologize. 저, 사과하려고 여기에 왔습니다.

You need to find a place in order to relax.
너는 쉬기 위한 장소를 찾는 것이 필요하다.(너는 휴식을 취할 곳을 찾을 필요가 있다.)

I need your number in order to keep in touch with you.
나는 당신과 연락하기 위해서 당신의 전화번호가 필요합니다.

* keep in touch: 연락하다

Comprehension Quiz

1 앞에서 배운 대로, 영어에서 대표적으로 많이 사용되는 세 가지 종류의 to와 그 뜻을 쓰세요.

(1) _____

(2) _____

(3) _____

2 다음 각 문장에서 밑줄 친 to의 종류를 쓰세요.

(1) I am going to you.   →   _____

(2) I decided to go to you.   →   _____

(3) I took a taxi to go to you.   →   _____

3 다음 문장에서 사용된 to의 뜻을 쓰세요.

> I planned ① to meet her ② to show this picture on the way ③ to your house.

① _____   ② _____   ③ _____

4 다음 문장에서 사용된 to의 문법 이름을 쓰세요.

> I ran ① to the bus stop because I didn't want ② to miss the bus ③ to go ④ to my workplace.

① _____   ② _____   ③ _____   ④ _____

5 다음 빈칸에 이어질 내용으로 알맞지 <u>않은</u> 것은?

> The teacher pointed at the black board _____ it.

① to stress   ② in order to give a hint
③ to the students   ④ to emphasize

6 다음 중 in order to로 고쳐 쓸 수 있는 문장은?

① We started to work together.   ② Someone wants to see you.
③ I sent it to you.   ④ I set an alarm clock to wake up early.

Reading & Writing Practice

[1~5] 다음 문장을 해석하세요.

1 You deserve to receive the prize.
_____

2 I told him not to do it.
_____

3 We are willing to help you.
_____

4 The place is too big to see in a day.
_____

5 He promised to wait here to give the key to me before he went to the gym.
_____

[6~10] 다음 문장을 영어로 옮기세요.

6 식사를 주문하기 위해서 너는 번호표를 받아야 해.(식사를 주문하려면 너는 번호표를 받아야 해.)
_____

7 우리는 들어가기 위해서 줄을 서서 기다렸다.
_____

8 그는 나에게 실수하지 말라고 얘기해 주었다.
_____

9 나는 너와 함께 갈 준비가 돼 있다.
_____

10 오늘은 너무 더워서 밖에서 못 놀겠다.(오늘은 밖에서 놀기에는 너무 덥다.)
_____

Memorize these Infinitives!

Challenge

다음에 제시된 to 부정사를 목적어로 쓸 수 있는 동사들은 반드시 기억해야 합니다. 빈칸에 철자를 넣어 가면서 외워 보세요.

1. ~할 여유[여력]가 있다 — a __ ford to
2. ~하는 데 동의하다 — ag __ ee to
3. ~인 척하다 — p __ et __ nd to
4. ~처럼 보이다, ~인 듯하다 — se __ m to
5. ~할 자격이 있다 — de __ er __ e to
6. ~하기로 정하다 — a __ ran __ e to
7. ~하기를 거부하다 — r __ f __ se to
8. ~하는 것을 선택하다 — cho __ __ e to
9. ~하고 싶다, ~하기를 원하다 — ca __ e to
10. ~하려고 시도하다 — at __ emp __ to
11. 일부러 ~하다, ~하도록 애쓰다 — b __ ther to
12. 우연히[마침] ~하다[이다] — ha __ pen to
13. ~하는 경향이 있다 — te __ d to
14. ~하려고 시도[노력]하다 — t __ y to
15. ~하기로 결정하다 — dec __ de to
16. ~할 계획이다 — p __ an to
17. (~하겠다고) 말하다, 제의하다 — of __ er to
18. ~해 달라고 빌다[간청하다] — b __ g to
19. ~하는 것을 기다리다 — wa __ t to
20. ~할 것을 기억하다, 잊지 않고 ~하다 — re __ emb __ r to
21. ~하기를 망설이다 — hes __ __ ate to
22. ~할 것을 맹세하다 — s __ ear to
23. ~할 것을 요청하다 — as __ to
24. ~하느라 애쓰다[고군분투하다] — st __ ugg __ e to
25. ~하는 것을 배우다 — lea __ n to
26. ~하는 것을 희망하다 — ho __ e to

27.	~하기를 원하다	w __ sh to
28.	~하는 것을 실패하다	fa __ l to
29.	~할 것을 약속하다	prom __ se to
30.	~할 것을 기대하다	exp __ ct to
31.	(~이 사실이라고) 주장하다	c __ a __ m to
32.	~할 것을 (약간 부담스럽게) 요구하다	de __ and to
33.	~하는 것을 원하다	wa __ t to
34.	~하는 것을 뜻하다[의미하다]	me __ n to
35.	(힘든 일을) 간신히[용케] 해내다, (어떻게든) ~하다[해내다]	m __ nage to
36.	~할 것을 잊어버리다	fo __ get to
37.	자진해서 ~하다	vo __ unteer to
38.	~할 것을 준비하다	pre __ are to
39.	~할 필요가 있다	nee __ to
40.	~할 것이라고 위협하다[겁주다]	th __ eaten to
41.	~하게 되어 유감이다	regr __ t to
42.	서둘러서 ~하다	r __ sh to
43.	누군가에게 ~할 원인을 제공하다	ca __ se somebody to
44.	누군가에게 ~하도록 지시하다	i __ struct somebody to
45.	누군가에게 ~하는 방법을 가르치다	tea __ h somebody to
46.	누군가에게 강제로 ~하도록 하다	forc __ somebody to
47.	누군가에게 ~하도록 경고하다[주의를 주다]	wa __ n somebody to
48.	누군가를 ~하도록 고용하다	h __ re somebody to
49.	누군가에게 ~하자고 시합을 신청하다[도전하다]	cha __ __ enge somebody to
50.	누군가에게 ~하도록 말하다, 시키다	tel __ somebody to
51.	누군가에게 ~할 것을 명령하다[주문하다]	o __ der somebody to
52.	누군가에게 ~하도록 요청하다	a __ k somebody to
53.	누군가에게 ~하도록 설득하다	pe __ sua __ e somebody to
54.	누군가가 ~할 것이라 기대하다	ex __ ect somebody to
55.	누군가에게 ~하라고 용기를 주다[격려하다]	en __ our __ ge somebody to
56.	누군가가 ~하기를 원하다	wan __ somebody to
57.	누군가에게 ~하라고 조언[충고]하다	adv __ se somebody to
58.	누군가에게 ~하는 걸 허락하다	al __ ow somebody to

Memorize these Infinitives!

check

다음에 제시된 to 부정사를 목적어로 쓸 수 있는 동사들은 반드시 기억해야 합니다.

1. ~할 여유[여력]가 있다   afford to
2. ~하는 데 동의하다   agree to
3. ~인 척하다   pretend to
4. ~처럼 보이다, ~인 듯하다   seem to
5. ~할 자격이 있다   deserve to
6. ~하기로 정하다   arrange to
7. ~하기를 거부하다   refuse to
8. ~하는 것을 선택하다   choose to
9. ~하고 싶다, ~하기를 원하다   care to
10. ~하려고 시도하다   attempt to
11. 일부러 ~하다, ~하도록 애쓰다   bother to
12. 우연히[마침] ~하다[이다]   happen to
13. ~하는 경향이 있다   tend to
14. ~하려고 시도[노력]하다   try to
15. ~하기로 결정하다   decide to
16. ~할 계획이다   plan to
17. (~하겠다고) 말하다, 제의하다   offer to
18. ~해 달라고 빌다[간청하다]   beg to
19. ~하는 것을 기다리다   wait to
20. ~할 것을 기억하다, 잊지 않고 ~하다   remember to
21. ~하기를 망설이다   hesitate to
22. ~할 것을 맹세하다   swear to
23. ~할 것을 요청하다   ask to
24. ~하느라 애쓰다[고군분투하다]   struggle to
25. ~하는 것을 배우다   learn to
26. ~하는 것을 희망하다   hope to

27.	~하기를 원하다	wish to
28.	~하는 것을 실패하다	fail to
29.	~할 것을 약속하다	promise to
30.	~할 것을 기대하다	expect to
31.	(~이 사실이라고) 주장하다	claim to
32.	~할 것을 (약간 부담스럽게) 요구하다	demand to
33.	~하는 것을 원하다	want to
34.	~하는 것을 뜻하다[의미하다]	mean to
35.	(힘든 일을) 간신히[용케] 해내다, (어떻게든) ~하다[해내다]	manage to
36.	~할 것을 잊어버리다	forget to
37.	자진해서 ~하다	volunteer to
38.	~할 것을 준비하다	prepare to
39.	~할 필요가 있다	need to
40.	~할 것이라고 위협하다[겁주다]	threaten to
41.	~하게 되어 유감이다	regret to
42.	서둘러서 ~하다	rush to
43.	누군가에게 ~할 원인을 제공하다	cause somebody to
44.	누군가에게 ~하도록 지시하다	instruct somebody to
45.	누군가에게 ~하는 방법을 가르치다	teach somebody to
46.	누군가에게 강제로 ~하도록 하다	force somebody to
47.	누군가에게 ~하도록 경고하다[주의를 주다]	warn somebody to
48.	누군가를 ~하도록 고용하다	hire somebody to
49.	누군가에게 ~하자고 시합을 신청하다[도전하다]	challenge somebody to
50.	누군가에게 ~하도록 말하다, 시키다	tell somebody to
51.	누군가에게 ~할 것을 명령하다[주문하다]	order somebody to
52.	누군가에게 ~하도록 요청하다	ask somebody to
53.	누군가에게 ~하도록 설득하다	persuade somebody to
54.	누군가가 ~할 것이라 기대하다	expect somebody to
55.	누군가에게 ~하라고 용기를 주다[격려하다]	encourage somebody to
56.	누군가가 ~하기를 원하다	want somebody to
57.	누군가에게 ~하라고 조언[충고]하다	advise somebody to
58.	누군가에게 ~하는 걸 허락하다	allow somebody to

Lecture 06

지각 동사(Perception Verb)

 **Learning Goals**

생명 유지와 관련된, 감각을 나타내는 동사는 무엇이라 부를까?

영어에서 '지각 동사'를 강조하기 위해 사용하는 방법은 무엇일까?

주변 환경에 적응하고 생명을 유지하기 위해 우리는 다섯 가지 감각(보고 듣고 느끼고 맛보고 냄새 맡는 것)을 이용한다. 여기에서는 이런 감각과 관련된 동사들이 문장에서 어떻게 쓰이는지 알아보자.

06 LECTURE 지각 동사(Perception Verb)

1. 지각 동사(Perception Verb)의 정의

각 번호에서 생명을 유지하기 위한 필수 기능을 나타내는 동사를 찾아보자.

(1) 놀다, 밀다, 오르다, 보다 → 보다(see)

(2) 고치다, 만나다, 팔다, 느끼다 → 느끼다(feel)

(3) 조종하다, 만나다, 바꾸다, 듣다 → 듣다(hear)

(4) 만들다, 이끌다, 사랑하다, 냄새 맡다 → 냄새 맡다(smell)

TIP see, feel, hear, smell은 다른 일반 동사가 지니지 않은 생명 유지라는 기능을 가지고 있음을 알 수 있다. 동물이나 사람이 이 기능에 문제가 생기면 외부의 도움이 없는 한 생존해 나가기가 쉽지 않다. 이 단어들은 생존에 필요한 감각 기능을 통해 무엇인가를 알게 된다는 의미에서 지각 동사라고 불리게 되었다.

생명을 유지하고 발전시키기 위해서는 주변에서 일어나는 일을 지각할 수 있어야 한다. 즉, 보고(see), 듣고(hear), 느끼고(feel), 냄새 맡을(smell) 수 있어야 한다. 이러한 지각(perception) 기능과 연관된 동사들을 지각 동사라고 하고 문법상 특별 취급한다.

2. 영어에서는 어떻게 강조(특별 취급)할까?

(1) 강조하고 싶은 것을 문장 맨 앞으로 보낸다.

Two Cokes, please! ▶ **숫자**를 강조하기 위해 문장 맨 앞에 숫자가 왔다.

Will you . . . ? ▶ 내용은 모르지만, **의문문**이라는 문법은 알 수 있다.

Never can you . . . ▶ 내용은 모르지만, **부정문**이라는 문법은 알 수 있다.

영어는 문법을 강조하기 때문에, 문장이 시작할 때 내용보다 주로 문법을 나타내는 단어가 앞에 온다.

Grammar Knowledge

모든 언어에는 content(내용 전달) 단어와 function(문법 전달) 단어가 있다. 우리말은 content(내용)를 먼저 말하는 구조지만, 영어는 function(문법)을 먼저 말하는 구조이다. 그래서 영어와 한국어에서 문장 맨 앞에 쓰는 단어가 다를 수밖에 없고, 이 점이 영어를 말하고 쓰기 힘들게 하는 것이다. 이제 영어로 말을 하거나 글을 쓸 때 머릿속에 먼저 떠오르는 단어나 표현이 content(내용)에 가까우면 바로 말하지 말고 문법을 전달하는 function(기능) 단어 뒤에 두도록 하자.

(2) 문법의 정확성을 중요하게 여기는 영어에서 **의도적으로 문법적 오류를 만들어서 강조하고 싶은 부분을 눈에 띄게 한다.** 명령문이 대표적인 하나의 예라고 할 수 있다.

① You should study. 너는 공부해야 해. → Study! 공부해!

You should come here on time. 너는 제시간에 여기에 와야 해.

→ Come here on time! 제시간에 여기로 와!

You call him. 너는 그에게 전화한다. → Call him! 그에게 전화해!

명령문에서는 글을 짧고 간략하게 만들어 눈에 띄게 하려고 주어를 생략한다. 명령문은 모든 문장에 주어가 있어야 한다는 규칙을 의도적으로 지키지 않고 있는 것이다.

② If I am(was) you, . . . ▶ 현실적으로 가능한 상황.

→ If I were you, . . . ▶ 현실적으로 불가능한 상황.

If that is(was) mine, . . . ▶ 현실적으로 가능한 상황.

→ If that were mine, . . . ▶ 현실적으로 불가능한 상황.

가정법에서 현실적으로 불가능한 사실임을 강조하기 위해 의도적으로 틀린 문법인 'were'를 써서 눈에 띄게 한다.

3 어떻게 지각 동사를 강조(특별 취급)할까?

TIP 지각 동사가 문장에서 사용되고 있다는 것을 알게 하기 위해서는 지각 동사를 눈에 띄게 할 수 있는 방법을 사용해야 한다. 문법의 정확성을 중요하게 여기는 영어권 사람들의 **시선을 끌 수 있는 방법은 과감히 문법을 틀리는 것이다.**

(1) 내용상 필요한 단어를 모두 사용하여 문장을 쓴다. 문법적으로나 해석상 to가 있는 것이 자연스럽지만 지각 동사를 강조한다는 측면에서는 오히려 to가 있는 것이 틀린 말로 간주된다.

I see him to drive. 나는 그가 운전하는 것을 본다.

(2) 빼더라도 내용을 이해하는 데 별 무리가 없는 to(~하는 것)를 삭제한다. 영어에서 쓰이는 생략 용법에선 내용을 이해하는 데 별 영향을 주지 않는 단어들을 주로 뺀다. 지각 동사를 강조하기 위해 to를 삭제함으로써 의도적으로 문법적인 실수를 한 것이다.

I see him ~~to~~ drive. 나는 그가 운전하는 것을 본다.

Grammar Knowledge

'지각 동사는 뒤에 to 부정사를 쓰지 않는다.'를 문법적으로 말하면 '지각 동사는 to 부정사를 목적어로 취하지 않는다.' 또는 '지각 동사는 동사 원형을 목적어로 취한다.'라고 한다. 엄밀히 말하면 '목적어'라기보다는 '목적격 보어'가 맞는 말이다.

> 보어: 보완해 주는 말.
> 목적격 보어: 목적어를 보완해 주는 말.

목적격 보어가 목적어를 꾸며 주는 말이다 보니 목적어와 보어는 따로 떼어 놓고 생각할 수 없다. 목적어가 있어야 목적격 보어도 있기 때문에 함께 묶어서 목적어라고 부르기도 한다. 목적어라는 큰 개념 안에 보어를 포함했다고 보면 되고, 이렇게 하면 문법이 좀 더 간단해져서 문장 이해도 빠르고 문장을 빨리 쓰는 데에도 도움이 된다. 목적격 보어를 목적어에 포함하는 또 다른 이유는, 'I heard him sing.(나는 그가 노래하는 것을 들었다.)'처럼 목적격 보어가 목적어처럼 해석이 되기 때문이다. 그래서 편의상 목적어라고 묶어서 부르는 것이 효율적인 영어 교육 방법이 될 수 있다.

More View

① She heard him to sing. ▶ 내용상 필요한 단어를 모두 사용한 문장.
  → She heard him sing. ▶ 지각 동사를 강조하기 위해 의도적으로 문법적인 실수(to 생략)를 한 문장.
  그녀는 그가 노래 부르는 것을 들었다.

② We saw Jenny to run down the street. ▶ 내용상 필요한 단어를 모두 사용한 문장.
  → We saw Jenny run down the street.
    ▶ 지각 동사를 강조하기 위해 의도적으로 문법적인 실수(to 생략)를 한 문장.
    우리는 Jenny가 길을 따라 뛰어 내려가는 것을 보았다.

4 지각 동사 뒤에 '동사 원형'과 '현재분사(-ing)'를 쓸 때 해석의 차이

'동사 원형 + -ing'는 두 가지 뜻으로 쓰인다.

(1) 동명사: '~하는 것'

　　push + -ing → pushing(미는 것)

　　pass + -ing → passing(지나가는 것)

　　pushing people(사람들을 미는 것)

　　Pushing people on the stairs is dangerous. 계단에서 사람들을 미는 것은 위험하다.

　　passing the car(그 차를 지나가는 것)

　　A: I'm going to pass this car in front of us. 나는 우리 앞에 있는 이 차를 지나쳐 갈 거야.
　　B: Stop passing the car. It's dangerous to do so.
　　　 그 차 지나가는 걸 멈춰.(그 차 지나가지 마.) 그렇게 하는 건 위험해.

(2) 현재분사: '~하는 중'

　　push + -ing → pushing(미는)

　　pass + -ing → passing(지나가는)

　　people pushing = pushing people(미는 사람들)

　　There are people pushing in the subway. 지하철에서 미는 사람들이 있다.

　　▶ 뉘앙스: 미는 사람이 간혹 있다.

　　There are pushing people in the subway.

　　▶ 뉘앙스: 늘 미는 사람, 또는 미는 것이 일종의 직업인 사람들을 말한다.

　　cars passing = passing cars(지나가는 차들)

　　Watch out for cars passing at this crossroad. 이 사거리에서 지나가는 차들을 조심해라!

　　▶ 뉘앙스: 지나가는 차들이 이따금 있다.

　　Watch out for passing cars at this crossroad.

　　▶ 뉘앙스: 이 사거리에는 항상 지나가는 차들이 있으므로 조심하라는 뜻이다.

동명사와 현재분사 중 명사 뒤에도 쓸 수 있는 것은 현재분사이다. 현재분사는 진행의 의미를 전하면서 앞에 있는 명사를 보충 설명해 준다. I saw people pushing in the subway.(나는 지하철에서 미는 사람들을 보았다.)에서 pushing은 명사 people을 꾸며 주는 보어로 볼 수 있고, people pushing을 한 덩어리로 묶어서 목적어로도 볼 수 있다.

'-ing(현재분사)'를 쓰면 진행의 의미가 강해진다. 단, -ing를 쓰면 see, hear, feel, smell을 더 이상 지각 동사가 아닌 일반 동사로 보겠다는 뜻이 된다.

She heard him sing. 그녀는 그가 노래 부르는 것을 들었다. ▶ 처음부터 끝까지 모두 들음.

She heard him singing. 그녀는 그가 노래 부르고 있는 것을 들었다. ▶ 잠깐 들음.

I saw them drive. 나는 그들이 운전하는 것을 보았다. ▶ 처음부터 끝까지 봄.

I saw them driving. 나는 그들이 운전하고 있는 것을 보았다. ▶ 잠깐 봄.

We saw Jenny run down the street.

우리는 Jenny가 길을 따라 아래로 달리는 것을 보았다. ▶ 처음부터 끝까지 봄.

We saw Jenny running down the street.

우리는 Jenny가 길을 따라 아래로 달리고 있는 것을 보았다. ▶ 잠깐 봄.

Grammar Check

1. 지각 동사의 목적격 보어 자리에는 to 부정사가 온다.   Ⓣ | Ⓕ

2. 다음 문장에서 괄호 안의 단어를 활용하여 빈칸에 넣을 수 있는 단어를 써 보라.
   We heard the rain _____ on the roof. (fall)

Comprehension Quiz

1. 여기에서 배운 지각 동사의 네 가지 종류를 쓰세요.

   　　　　　영어　　　　　　　　　한국어
   ① _____　_____
   ② _____　_____
   ③ _____　_____
   ④ _____　_____

2. 지각 동사가 일반 동사의 한 종류임에도 불구하고 지각 동사라고 따로 이름을 붙여 구별하는 가장 큰 이유는?
   ① 동사의 개수를 줄이기 위해서　　② 문법을 쉽게 하기 위해서
   ③ 강조하기 위해서　　　　　　　④ to를 쓰기 위해서

3. 지각 동사를 강조하기 위해서 문장 안에 해석상 필요한 _____를 의도적으로 쓰지 않는다.

4. 지각 동사와 그 뒤에 나오는 동사 원형을 찾아서 밑줄을 그은 후 각 문장을 해석하세요.

   (1) You will see me study in the library.
   → _____

   (2) I feel the building shake.
   → _____

   (3) He heard me sing in my room.
   → _____

5. 다음 문장에서 틀린 부분을 찾아서 바르게 고치세요.

   (1) We saw him to hide something.
   → _____

   (2) I heard you to yell at someone.
   → _____

   (3) Everybody can smell something to burn here.
   → _____

Comprehension Quiz

6 다음 밑줄 친 부분 중 동사 원형으로 바꿀 수 있는 것은?

> I am ① thinking about ② meeting him. I saw him ③ helping other people. He was ④ moving chairs and tables.

7 다음 문장 중 문법이 틀린 것은?
① My friend saw me sleep.
② I smelled it burning.
③ She watched us study.
④ I heard Jane to enter her room.

Reading & Writing **Practice**

[1~5] 다음 문장을 해석해 보세요.

1 I saw you wait for the bus.

2 Did you see me waiting for the bus?

3 I heard someone call my name.

4 I hear someone calling me.

5 She felt something touch her back.

[6~9] 다음 문장을 영어로 옮기세요.

6 내가 그 문을 여는 것을 누가 보았니?

7 내가 밤에 그 문을 열고 있는 것을 누가 보았니?

8 나는 그것이 움직이는 것을 느낀다.

9 나는 네가 밤새도록 코 고는 것을 들었다.

사역 동사(Causative Verb)

 Learning Goals

'사역 동사'를 강조하기 위해 사용하는 방법은 무엇일까?

사역 동사는 주종 관계를 느끼게 하여 사람들 사이에서는 잘 사용하지 않는다. 이를 대체할 수 있는 단어들은 무엇일까?

특정 동사를 왜 사역 동사라는 이름으로 특별 취급할까? 왜냐하면 노동에 대한 우리의 생각과 영어권 사람들의 생각이 다르기 때문이다. 여기에서는 사역 동사에 대해 살펴보자.

사역동사(Causative Verb)

1. 사역동사(Causative Verb)의 정의

> 다음 중 일을 시키고 받는 노동과 관련된 동사를 찾아 보자.
> (1) play, climb, eat, make → make
> (2) meet, sleep, lend, have → have
> (3) say, answer, love, let → let

TIP make, have, let은 다른 일반 동사가 가지고 있지 않은 '~을 시키다', '~하게 만들다'라는 뜻이 있어 노동 단어라고도 부른다. 현재는 사람을 부리어 일을 시킨다는 의미의 '사역'이라는 말을 써서 보통 '사역 동사'라고 부르고 있다.

노동을 신성하게 여기는 영어권 사람들은 노동과 관련된 단어, 즉 일을 시키고 일을 받는 사역과 관련된 단어에 특별한 관심을 가지고 반드시 **강조(특별 취급)**한다.

2. 사역동사를 강조하게 된 배경

조상이 어떤 노동에 종사했고 어떻게 사회에 기여했는지 알려 주는 것을 중요시했던 영어권 문화의 특성은 그들이 짓는 이름에 그대로 나타나 있다. 어떤 노동에 종사했는지를 자기와 자손의 이름에 남김으로써 일에 대한 가치와 의미를 후손에게 전달한다.

아래의 이름에서 볼 수 있듯이, 영어권 사람들은 어떤 노동에 종사했는지를 자신의 이름에 남길 정도로 노동의 가치를 높게 보았다.

Barber (이발사)
Butler (와인을 저장하는 지하 창고에서 일하는 사람)
Chapman (행상인, 소상인)
Cooper (술통 제조업자)
Foster (목공, 숲을 관리하거나 지키는 사람)

Butcher (정육점 주인, 도살업자)
Carpenter (목수)
Cook (요리사)
Dyer (염색업자)
King (왕과 같은 권위나 태도로 일하는 사람)

Knight (말을 탄 기사, 무사)
Pastor (목사)
Shepherd (양몰이꾼)
Singer (가수)
Walker (천을 발로 밟아서 부풀게 하는 사람)
Weaver (실 짜는 사람)
Wright (손으로 무슨 물건이든 만드는 사람, 제작자)
Miller (방앗간 주인)
Richard (힘쓰고 용감한 사람)
Shoemaker (신발 수선공)
Steward (청지기, 집사)
Ward, Edward (수위, 감시인)
Webb (직공)

3 어떻게 사역 동사를 강조(특별 취급)할까?

> **TIP** 사역 동사가 문장에서 사용되고 있음을 알리기 위해서는 사역 동사를 눈에 띄게 할 수 있는 방법을 찾아야 한다. 문법의 정확성을 중요하게 여기는 영어권 사람들의 시선을 끌 수 있는 방법은 과감히 문법을 틀리는 것이다.

(1) 내용상 필요한 단어를 모두 사용하여 문장을 쓴다. 문법적으로나 해석상 to가 있는 것이 자연스럽지만, 사역 동사를 강조한다는 측면에서는 to가 있는 것이 오히려 틀린 말로 간주된다.

I have him to drive.
나는 그에게 운전하도록 시켰다. / 나는 그에게 운전하는 것을 시켰다. / 나는 그에게 운전을 시켰다.

(2) 빼더라도 내용을 이해하는 데 별 무리가 없는 to(~하는 것)를 삭제한다. 영어에서 쓰이는 생략 용법은 내용을 이해하는 데 별 영향을 주지 않는 단어들을 주로 빼는 것이다. 사역 동사를 강조하기 위해 to를 삭제함으로써 의도적으로 문법적인 실수를 한다.

I have him ~~to~~ drive.
나는 그에게 운전하도록 시켰다. / 나는 그에게 운전하는 것을 시켰다. / 나는 그에게 운전을 시켰다.

Grammar Knowledge

'사역 동사는 뒤에 to 부정사를 쓰지 않는다.'를 문법적으로 말하면 '사역 동사는 to 부정사를 목적어로 취하지 않는다.' 또는 '사역 동사는 동사 원형을 목적어로 취한다.'라고 한다. 엄밀히 말하면 '목적어'라기보다는 '목적격 보어'가 맞는 말이다.

> 보어: 보완해 주는 말.
> 목적격 보어: 목적어를 보완해 주는 말.

목적격 보어가 목적어를 꾸며 주는 말이다 보니 목적어와 보어는 따로 떼어 놓고 생각할 수 없다. 목적어가 있어야 목적격 보어도 있기 때문에 함께 묶어서 목적어라고 부르기도 한다. 목적어라는 큰 개념 안에 보어를 포함했다고 보면 되고, 이렇게 하면 문법이 좀 더 간단해져서 문장 이해도 빠르고 문장을 빨리 쓰는 데도 도움이 된다. 목적격 보어를 목적어에 포함하는 또 다른 이유는, 'I have him drive.(나는 그에게 운전을 시켰다.)'처럼 목적격 보어가 목적어처럼 해석이 되기 때문이다. 그래서 편의상 목적어라고 묶어서 부르는 것이 효율적인 영어 교육 방법이 될 수 있다.

More View

① She made him to go. ▶ 내용상 필요한 단어를 모두 사용한 문장.
→ She made him go. ▶ 사역 동사를 강조하기 위해 의도적으로 문법적인 실수(to 생략)를 한 문장.
그녀는 그가 가도록 했다.

② We let Jenny to finish her speech. ▶ 내용상 필요한 단어를 모두 사용한 문장.
→ We let Jenny finish her speech.
▶ 사역 동사를 강조하기 위해 의도적으로 문법적인 실수(to 생략)를 한 문장.
우리는 Jenny가 연설을 끝마치도록 해 주었다.

③ I make my dog to go to the rest room[restroom] after meal. ▶ 내용상 필요한 단어를 모두 사용한 문장.
→ I make my dog go to the rest room[restroom] after meal.
▶ 사역 동사를 강조하기 위해 의도적으로 문법적인 실수(to 생략)를 한 문장.
나는 내 개가 밥을 먹은 후에 화장실에 가도록 하였다.

④ To take a rest, she let the answering machine to take the message.
▶ 내용상 필요한 단어를 모두 사용한 문장.
→ To take a rest, she let the answering machine take the message.
▶ 사역 동사를 강조하기 위해 의도적으로 문법적인 실수(to 생략)를 한 문장.
그녀는 휴식을 취하기 위해 자동 응답기에 메시지를 남기도록 했다.

⑤ The teacher had the students to read two English books to make them to pass the test.
▶ 내용상 필요한 단어를 모두 사용한 문장.
→ The teacher had the students read two English books to make them pass the test.
▶ 사역 동사를 강조하기 위해 의도적으로 문법적인 실수(to 생략)를 한 문장.
그 선생님은 학생들이 시험을 통과하게 하기 위해 그들에게 영어 책 두 권을 읽도록 시켰다.

4. 왜 사역 동사는 사람들 사이에서 잘 사용하지 않을까?

(1) 일을 시키고 일을 받는 사역 동사는 말을 하는 사람이나 듣는 사람 모두에게 주종 관계를 느끼게 하기 때문에 사람들 사이에서는 잘 사용하지 않는다. 평등을 추구하는 오늘날의 현실과 맞지 않기 때문이다.

More View

누구의 지위가 더 높은 것처럼 느껴지는지 살펴보자.

① Jack made Cindy type the paper.   → Jack
　　Jack은 Cindy에게 그 서류를 타이핑하도록 시켰다.

② Cindy made Jack clean the room.   → Cindy
　　Cindy는 Jack에게 그 방을 청소하도록 시켰다.

③ I had the students study after class.   → I
　　나는 학생들에게 수업이 끝난 뒤에 공부하도록 시켰다.

④ The students had us stay in the class.   → The students
　　학생들은 우리를 교실에 머물도록 했다.

⑤ My father let me drive.   → My father
　　우리 아버지는 내가 운전하게 해 주셨다(나에게 운전을 시키셨다).

⑥ I let Jim use the phone.   → I
　　나는 Jim이 전화기를 사용하도록 해 주었다.

Grammar Package

사회가 평등해짐에 따라 여성과 남성을 구분하던 말들이 사라지고 새로운 단어가 생겨났다.

policeman, policewoman → police officer　　　fireman → fire fighter[firefighter]
steward, stewardess → flight attendant　　　chairman, chairwoman → chairperson

(2) 사역 동사를 대신할 수 있는 일반 동사가 있다.

＊ 'ask'와 'allow'는 반드시 뒤에 to 부정사를 써야 한다.

위에서 보는 것처럼 사역 동사 make와 have는 일반 동사 ask로, 사역 동사 let은 일반 동사 allow로 바꿔서 말하는 경우가 많다. 그 이유는, 사역 동사(make, have, let)에서 느껴지는 서열감을 없애기 위한 것이다. 만일 필요에 따라 서열 또는 주종 관계를 나타내고자 한다면 사역 동사를 쓰면 된다.

More View

① Jack made Cindy [type] the paper. Jack은 Cindy에게 그 서류를 타이핑하도록 시켰다.
　→ Jack asked Cindy [to type] the paper. Jack은 Cindy에게 그 서류를 타이핑해 달라고 요청했다.

② Cindy made Jack [clean] the room. Cindy는 Jack에게 그 방을 청소하도록 시켰다.
　→ Cindy asked Jack [to clean] the room. Cindy는 Jack에게 그 방을 청소하라고 요청했다.

③ I had the students [study] after class. 나는 학생들에게 수업이 끝난 뒤에 공부하도록 시켰다.
　→ I asked the students [to study] after class.
　　나는 학생들에게 수업이 끝난 뒤에 공부하라고 요청했다.

④ The students had us [stay] in the class. 학생들은 우리를 교실에 머물도록 했다.
　→ The students asked us [to stay] in the class.
　　학생들은 우리에게 교실에 머물러 달라고 요청했다.

⑤ My father let me [drive]. 우리 아버지는 내게 운전하게 해 주셨다(나에게 운전을 시키셨다).
　→ My father allowed me [to drive]. 우리 아버지는 나에게 운전하도록 허락해 주셨다.

⑥ I let Jim [use] the phone. 나는 Jim이 전화기를 사용하도록 해 주었다.
　→ I allowed Jim [to use] the phone. 나는 Jim에게 전화기를 사용하도록 허락해 주었다.

5. 사역동사 'help'

help는 일반 동사로도 볼 수 있고 사역 동사로도 볼 수 있다. help를 사역 동사로 볼 때에는 목적격 보어로 동사 원형을 쓰고, 일반 동사로 볼 때에는 to 부정사를 쓴다.

The teacher [helped] me study English. ▶ 여기에서 help는 사역 동사.
그 선생님은 내가 영어를 공부하도록 도와주셨다.

The teacher [helped] me to study English. ▶ 여기에서 help는 일반 동사.
그 선생님은 내가 영어를 공부하는 것을 도와주셨다.

Grammar Knowledge

help를 사역 동사로 여겨 목적격 보어로 동사 원형을 쓰면 돕는 느낌이 간접적이다. 예를 들어서 기부를 한다든가, 용기를 주는 편지를 보낸다든가, 칭찬의 메시지를 보낸다든가, 힘내라고 전화해 주는 것처럼 좀 떨어진 거리에서 지원하고 도와주는 것이다. 반면, help를 일반 동사로 여겨 목적격 보어로 to 부정사를 쓰면 돕는 느낌이 더 직접적이다. 예를 들어서 돈을 직접 손에 쥐어 주든가, 용기를 내라고 바로 옆에서 말해 주든가, 보는 앞에서 칭찬을 하든가, 같이 힘을 보태서 일을 하는 것처럼 가까이 붙어서 지원하고 도와주는 것이다.

Grammar Check

1. 사역 동사(make, have, let)가 사람들 사이에서 잘 쓰이지 않는 이유는?
2. 사역 동사 'make'와 'have' 대신에 사용할 수 있는 단어는?
3. 사역 동사 'let' 대신에 사용할 수 있는 단어는?

Comprehension Quiz

1. 다음 중 사역 동사가 아닌 것은?
   ① make ② let ③ order ④ have

2. 다음 빈칸에 동사 원형을 쓸 수 없는 문장은?
   ① They make us _____ in the room.
   ② He allows me _____ in the room.
   ③ She lets me _____ in the room.
   ④ You had me _____ in the room.

3. 사역 동사를 강조하기 위해서 다른 단어 대신 to를 빼는 이유는?
   ① 문장 안에서 뒤에 위치해 있기 때문에
   ② 단어가 짧기 때문에
   ③ 해석할 뜻이 없기 때문에
   ④ 빼더라도 의미에는 별 영향을 주지 않기 때문에

4. 다음 중 사역 동사가 쓰인 문장은?
   ① She made coffee for us.
   ② He had me wait.
   ③ They have a lot of courage.
   ④ He keeps making the same mistakes.

5. 다음 문장에서 틀린 부분을 찾아 바르게 고치세요.

   (1) My boss made me to repeat the work.
   → _____

   (2) I had him to think about the plan.
   → _____

   (3) The teacher made the students to be quiet.
   → _____

6 사역 동사가 있는 문장을 일반 동사를 이용하여 다시 쓸 때 <u>잘못된</u> 문장은?

① The manager made me clean the floor.
   → The manager asked me clean the floor.

② He had us do it again.
   → He asked us to do it again.

③ Please let me explain.
   → Please allow me to explain.

④ My parents had us wash our shoes.
   → My parents asked us to wash our shoes.

7 다음 문장을 일반 동사를 이용하여 다시 쓰세요.

(1) They made us walk slowly.
   → _____

(2) He had me read the report and find any mistakes.
   → _____

(3) The police officer let me pass this way.
   → _____

Reading & Writing **Practice**

[1~5] 다음 문장을 해석하세요.

1 Don't make me do this!
   _____

2 Our boss will have us attend the meeting.
   _____

3 This ticket will let you enter.
   _____

4 You made me come again.
   _____

5 Please let me know.
   _____

[6~10] 다음 문장을 영어로 옮기세요.

6 아무것도 우리를 멈추게 하지 못할 것이다.
   _____

7 그는 내가 그 일을 서둘러 끝내도록 했다.
   _____

8 그는 내게 그 일을 서둘러 끝낼 것을 요청했다.
   _____

9 과장님은 내가 일찍 집에 가도록 해 줬다.
   _____

10 과장님은 내가 일찍 집에 가도록 허락해 줬다.
   _____

Lecture 08

가주어 'it'을 쓰는 이유

 Learning Goals

'to 부정사'를 '동명사'로 바꿔도 계속 남아 있는 문제점은 무엇일까?

가주어가 갖추어야 할 두 가지 조건은 무엇일까?

모든 영어 문법에는 이름이 그렇게 불리게 된 배경이 있다. 가주어 'it' 역시 '가주어'로 이름 붙여진 이유가 있다. 여기에서는 가주어 'it'에 대해 살펴보자.

08 LECTURE 가주어 'it'을 쓰는 이유

1. 'to 부정사' 주어와 '동명사' 주어에 문제점이 있다?

<u>To find the necessary tool for the work</u> is important. ▶ to 부정사 주어.
       주어   동사

<u>Finding the necessary tool for the work</u> is important. ▶ 동명사 주어.
       주어   동사

그 일을 위해서 필요한 도구를 찾는 것은 중요하다.

문장의 시작을 알리는 첫 번째 단어인 주어는 짧고 간단하며 눈에 잘 들어오는 것이 좋다. 동명사를 주어로 쓴 'Finding the necessary tool for the work'는, to 부정사를 주어로 쓴 'To find the necessary tool for the work'에 비해 짧아 보이기는 하지만 많이 줄어들었다고 할 수 없다. to 부정사와 동명사 주어를 대신할 더 짧고, 더 간단하고, 더 눈에 잘 들어오는 다른 단어를 찾아야 한다.

2. 짧은 주어를 선택하는 데 필요한 두 가지 조건

(1) to 부정사 주어나 동명사 주어보다 **짧고 간단**해야 한다.
(2) 긴 주어를 대신해서 쓰는 짧은 주어이므로 자신(자체)의 뜻이 없어야 한다. 만일 짧은 주어가 자신의 뜻을 가지고 있다면 한 문장 안에 서로 다른 뜻을 가진 주어가 두 개나 되어 혼동될 수 있다.

3. 짧고 간단한 주어 찾기

영어에서 사용되는 단어들 중 짧고 간단한 단어들을 살펴보자.

I	a	it	he	's	of
(나)	(하나)	(그것)	(그)	(소유격 '~의')	(전치사 '~의')

모두 사전적으로 자신의 뜻을 가지고 있다. 하지만 한 가지 흥미로운 사실은 이 단어들 가운데 it 이 사전적으로는 '그것'이라는 뜻을 가지고 있지만 문장 안에서 쓰일 때는 종종 해석할 뜻이 없어지기도 한다는 점이다. 특히, 날씨, 시간, 거리, 요일을 나타낼 때 해석할 뜻이 없어진다. 그래서 짧은 주어를 선택하는 데 필요한 두 가지 조건을 만족시키는 단어가 될 수 있다.

> (1) to 부정사나 동명사 주어보다 짧고 간단해야 한다. → it
> (2) 진짜 주어의 뜻과 혼동되지 않기 위해서 해석할 뜻이 없는 단어여야 한다. → it

It	is	fine	today. 오늘 날씨가 좋다.
(해석 ×)	(~이다)	(날씨가 좋은)	(오늘)
It	is	2 o'clock	now. 지금 두 시다.
(해석 ×)	(~이다)	(2시)	(지금)
It	is	Friday	today. 오늘은 금요일이다.
(해석 ×)	(~이다)	(금요일)	(오늘)

Grammar Knowledge

해석되지 않고 자리만 차지하는 주어 it을 '비인칭 주어' 또는 '가주어(가짜 주어)'라고 부른다.

4. 짧고 간단한 주어 'it'의 이름

to 부정사나 동명사가 주어 자리를 'it'에 양보하고 뒤로 물러날 경우가 있는데 이때의 it을 가주어(가짜 주어)라고 부른다. 가주어를 쓰는 이유는 문장의 시작을 알리는 첫 번째 단어인 주어를 짧고 간략하게 만들어서 눈에 띄게 하기 위해서이다.

<u>To find the necessary tool for the work</u> is important.
          to 부정사 주어   동사

= <u>Finding the necessary tool for the work</u> is important.
          동명사 주어   동사

= It is important to find the necessary tool for the work .
  가주어 동사   진주어

More View

① To have dinner in the restaurant is expensive. ▶ to 부정사 주어.
   = Having dinner in the restaurant is expensive. ▶ 동명사 주어.
   = It is expensive to have dinner in the restaurant . ▶ 가주어 it.
   그 식당에서 저녁을 먹는 것은 비싸다.

② To attend every class is important. ▶ to 부정사 주어.
   = Attending every class is important. ▶ 동명사 주어.
   = It is important to attend every class . ▶ 가주어 it.
   모든 수업에 참석하는 것은 중요하다.

③ Not to miss the class for three months is difficult. ▶ to 부정사 주어.
   = Not missing the class for three months is difficult. ▶ 동명사 주어.
   = It is difficult not to miss the class for three months . ▶ 가주어 it.
   3개월 동안 수업을 전혀 빼먹지 않는 것은 어렵다.

④ To take the social science course is mandatory. ▶ to 부정사 주어.
   = Taking the social science course is mandatory. ▶ 동명사 주어.
   = It is mandatory to take the social science course . ▶ 가주어 it.
   사회과학 과정을 수강하는 것은 의무이다.

⑤ To have a holiday in Guam costs some money. ▶ to 부정사 주어.
   = Having a holiday in Guam costs some money. ▶ 동명사 주어.
   = It costs some money to have a holiday in Guam . ▶ 가주어 it.
   괌에서 휴가를 보내는 것은 돈이 좀 든다.

Grammar Check

1. 가주어로 'it'을 쓰게 된 이유 두 가지는?
2. 해석할 뜻이 없는 'it'이 주어로 쓰인 문장을 써 보라.

5 가주어 it을 앞에 쓰고 뒤에 'to 부정사'를 쓸까, '동명사'를 쓸까?

to 부정사 주어를 동명사 주어로 줄였지만 전체 주어가 그다지 줄어들지 않는 경우도 있다. 그래서 가주어 it을 사용해서 주어를 줄인다. 그럼 to 부정사를 뒤로 보낼까? 동명사를 뒤로 보낼까? 가주어 it을 앞에 두고 to 부정사와 동명사 모두 뒤에 놓을 수는 있다. 그러나, 가주어 it을 앞에 두고 진주어인 to 부정사를 뒤로 보내는 것은 일반적인 일이지만, 동명사를 뒤로 보내는 것은 특수한 일부의 경우에만 해당한다.

<u>To save some money for the future</u> is important. 미래를 위하여 돈을 모으는 것은 중요하다.
      to 부정사 주어

= <u>Saving some money for the future</u> is important.
      동명사 주어

= It is important + ┌ to save some money for the future. (O)
    가주어   └ saving some money for the future. (×)

6 가주어 구문: It + be 동사 + to 부정사/동명사

(1) 가주어 It + be 동사 + to 부정사: 어려움과 쉬움을 나타내거나, 이성이나 판단과 관련한 형용사들(easy, difficult, important, hard, natural 등)이 등장하는 경우를 포함하여 일반적인 경우에는 보통 to 부정사를 사용한다.

It is important ☐ to exercise every day ☐ . 매일 운동하는 것은 중요하다.

It is not easy ☐ to find a job ☐ . 직장 구하기가 쉽지 않다.

(2) 가주어 It + be 동사 + 동명사: 진주어로 동명사를 선호해서 쓰는 것은 주로 비격식적(informal)이며 일부 제한적인 경우에만 해당한다. 'worth -ing', 'no use/good -ing' 등을 포함하여 'nice, fun, ridiculous' 등 어떤 감정적인 반응 같은 것을 나타낼 때 -ing 형태를 쓸 수 있다. 관용적인 표현들이므로 많이 읽어서 익숙해지도록 하자.

It's worth trying. 시도해 볼 가치가 있다.

It's no use/good crying over spilt milk.
엎질러진 우유 앞에서 울어 봐야 소용없다.(이미 엎질러진 물이다.)

＊ 'It is no use -ing' 구문은 'There is no use -ing'로도 쓸 수 있다.

It was nice seeing you. 만나서 반가웠습니다.

It was nice talking to you. 당신과 통화해서 즐거웠어요.

It is really fun playing baseball. 야구를 하는 것은 정말 재밌다.

Grammar Check

3. 가주어 it을 앞에 두고 보통의 경우 진주어로 뒤에 쓰는 것은 to 부정사와 동명사 중에 어느 것인가?

4. 진주어로 동명사를 선호해서 쓰는 것은 일부 특수한 경우에 해당한다. Ⓣ | Ⓕ

5. to 부정사가 없었더라면 동명사도 없었을 가능성이 크다. Ⓣ | Ⓕ

6. to 부정사와 동명사가 없었더라면 가주어 it이 없었을 가능성이 크다. Ⓣ | Ⓕ

7. 세 가지 문법 to 부정사, 동명사, 가주어 it은 서로 연결된 문법이라고 볼 수 있다. Ⓣ | Ⓕ

Comprehension Quiz

1 to 부정사를 주어로 쓰면 주어가 길고 복잡해지는데 이 문제를 어떻게 해결해야 할까?
① to 부정사의 to를 생략한다. ② 부정문으로 바꾼다.
③ 주어를 가주어 it으로 바꾼다. ④ to 부정사 뒤에 전치사를 써 준다.

2 다음 문장에서 진주어는?

> It is necessary for you to contact them in advance to make a reservation.
> (A)　　　　　(B)　　　　　(C)　　　　　　　　(D)

① (A)　② (B)　③ (C)　④ (D)

3 다음 문장에서 해석할 뜻이 <u>없는</u> it은?
① It is his.　② It was funny.
③ It is 3:30 now.　④ It will get better.

4 다음 문장에서 가주어 it은?

> Because you like it, I think you can learn it fast. Some people say it is
> 　　　　　(A)　　　　　　　　　(B)　　　　　　　　　　　(C)
> difficult to learn it, but you can make it.
> 　　　　(D)　　　　　　　(E)

① (A)　② (B)　③ (C)　④ (D)　⑤ (E)

5 다음 문장을 가주어 it을 이용하여 고치세요.

To visit him at this late hour is not a good idea.
→ _____

6 진주어를 문장 앞에 써서 강조해 주세요.

It is a common custom to shake hands in our society.
→ _____

Comprehension Quiz

7 다음 문장을 동명사 주어와 가주어를 이용하여 써 보세요.

(1) To practice English conversation with friends is helpful.

    (동명사 주어) → _____

    (가주어 it) → _____

(2) To go jogging in the morning for 10 minutes is good for our health.

    (동명사 주어) → _____

    (가주어 it) → _____

Reading & Writing **Practice**

[1~5] 다음 문장을 해석해 보세요.

1. It is important to understand this.
   _____

2. It is necessary for you to prepare for the test.
   _____

3. It was interesting to go there and watch it.
   _____

4. It is great for me to join you.
   _____

5. It is easy to see places like this in this city.
   _____

[6~9] 다음 문장을 영어로 옮기세요.

6. 우리가 그것을 하는 것은 옳다.
   _____

7. 아기들이 밤에 우는 것은 자연스러운 일이다.
   _____

8. 너를 여기에서 보다니 반가워.
   _____

9. 내가 거기에 갈 기회를 가진 것은 흥분되는 일이었다.
   _____

Lecture 09

동명사의 활용

 Learning Goals

'동명사'라는 이름에서 유추할 수 있는 두 가지 성격은 무엇일까?

'동명사'는 동사가 명사처럼 변했지만 동사 본래의 성질을 가지고 있다. 동사의 성질이란 무엇일까?

동명사는 'to 부정사'의 단점을 보완하기 위해 만들어진 것이다. 여기에서는 '동명사'가 무엇인지, 어디에 쓰이는지, 어떻게 써야 제대로 쓰는 것인지 살펴보자.

09 LECTURE 동명사의 활용

1. to부정사를 짧은 동명사로 바꾸지 않는 이유

to 부정사가 문장 맨 앞에서 주어로 쓰이면 강조의 의미를 나타낸다.

To boil water prevents disease. 물을 끓이는 것은 질병을 예방한다.
= Boiling water prevents disease.

to 부정사 주어(To boil)는 동명사 주어(Boiling)보다 강조된 의미를 나타낸다. 즉, 전달하고 싶은 내용을 강조하기 위해 눈에 띄게 한 것이다.

More View

① To fix a car is my hobby. 차를 수리하는 것은 내 취미다.
  = Fixing a car is my hobby.

② To spend money is welcome in Las Vegas. 돈을 쓰는 것은 라스베가스에서 환영 받는다.
  = Spending money is welcome in Las Vegas.

③ To use a camera is illegal here. 카메라를 사용하는 것은 이곳에서 불법이다.
  = Using a camera is illegal here.

④ To confuse them is our strategy. 그들을 혼란시키는 것이 우리의 전략이다.
  = Confusing them is our strategy.

⑤ To study is our responsibility. 공부하는 것은 우리의 책무이다.
  = Studying is our responsibility.

⑥ To confuse you is our plan. 너를 혼란시키는 것이 우리의 계획이다.
  = Confusing you is our plan.

⑦ To forgive you is also to forgive me. 너를 용서하는 것이 또한 나를 용서하는 것이다.
  = Forgiving you is also forgiving me.

2 동명사의 정의

동명사는 동사 원형에 '-ing'를 붙여 동사를 명사로 활용하기 위해 **명사화**한 것이다. 우리말로 주로 '~하는 것'으로 해석한다.

동사		명사화	
give	주다	giving	주는 것
fix	고치다	→ fixing	고치는 것
read	읽다	reaing	읽는 것

3 동명사의 성격

동명사는 단순히 명사로만 쓰이는 것이 아니라 동사의 성질도 그대로 가지고 있어서 목적어를 취할 수 있다.

(1) 'We follow the dog.' 에서 'follow' 가 동사인 세 가지 증거

　① 'We' 라는 주어 뒤에 왔다.

　　| 명사 + 동사 + 명사 | / | 전치사 + 명사 |
　　| We　follow　the dog. | | |

　② '따라가다' 라는 동작을 나타낸다.
　③ 어떤 동사는 그 뒤에 목적어를 가질 수 있는데 follow는 'the dog'라는 목적어를 가지고 있다.

　　| 명사 + 동사 + 명사 | / | 전치사 + 명사 |
　　| We　follow　the dog. | | |

(2) 'Following the dog is fun.' 에서

　① 'Following' 이 명사인 증거

　　동사 'is' 앞에서 주어로 쓰였다.

　　| 명사 + 동사 + 명사(형용사) | / | 전치사 + 명사 |
　　| Following the dog　is　fun. | | |

② 'Following'이 동사인 증거

어떤 동사는 목적어를 그 뒤에 가질 수 있는데 'Following'은 'the dog'라는 목적어를 가지고 있다.

| 명사 | + | 동사 | + | 명사(형용사) | / | 전치사 | + | 명사 |

Following the dog   is   fun.

Grammar Package

❶ 동명사는 동사이면서 명사이다. 즉, 동명사는 동사처럼 **목적어**를 가질 수 있고, 명사처럼 문장의 **주어**나 다른 동사의 **목적어**로 쓰일 수 있다.

- reading books(책을 읽는 것) ▶ 동사의 성격이 있는 reading은 books를 목적어로 가짐.
  동명사   목적어

- I like reading. 나는 독서를 좋아해요. ▶ 명사의 성격이 있는 reading은 like의 목적어로 쓰임.
  주어 동사 목적어

❷ 문장에서 동명사를 썼다면 다음 세 곳 중 한 곳에 쓰인다.

- Watching/Seeing is believing. ▶ 주어(~하는 것은)로 쓰임.
  보는 것이 믿는 것이다.

- I like watching baseball games. ▶ 동사의 목적어(~하는 것을)로 쓰임.
  나는 야구 경기 보는 것을 좋아한다.

- We talked about watching baseball games. ▶ 전치사 뒤에서 전치사의 목적어로 쓰임.
  우리는 야구 경기 보는 것에 대하여 이야기했다.

Grammar Knowledge

동명사는 해당 동사의 종류가 타동사인지 자동사인지에 따라 목적어를 쓰는지 여부가 정해진다. 타동사는 내용상 목적어가 있어야 더 자연스러운 동사로, 'We eat food.', 'They see movies.', 'I like you.' 등과 같이 쓰인다. 만일 목적어가 없다면 무엇을 먹는지, 무엇을 보는지, 무엇을 좋아하는지 알 수 없을 것이다. 이렇게 내용상 목적어가 필요한 동사를 타동사라고 한다.

반면, 자동사는 내용상 목적어가 필요 없는 동사들이다. 예컨대, 'We sleep.', 'They come.', 'I go.'처럼 굳이 sleep, come, go 뒤에 목적어를 쓸 필요가 없는 동사들이다.

More View

① Studying English is important. 영어를 공부하는 것은 중요하다.
- 'Studying'이 명사인 증거: 동사 'is' 앞에 주어로 쓰였다.
- 'Studying'이 동사인 증거: 'English'라는 목적어를 뒤에 가지고 있다.
  cf) To study English is important. ▶ 동명사 주어보다 주어 강조.

② Reading novels enhances our knowledge. 소설을 읽는 것은 우리의 지식을 향상한다.
- 'Reading'이 명사인 증거: 동사 'enhances' 앞에서 주어로 쓰였다.
- 'Reading'이 동사인 증거: 'novels'라는 목적어를 뒤에 가지고 있다.

cf) To read novels enhances our knowledge. ▶ 동명사 주어보다 주어 강조.

③ Giving money helps other people. 돈을 주는 것은 다른 사람들을 돕는다.
- 'Giving'이 명사인 증거: 동사 'helps' 앞에 주어로 쓰였다.
- 'Giving'이 동사인 증거: 'money'라는 목적어를 뒤에 가지고 있다.

cf) To give money helps other people. ▶ 동명사 주어보다 주어 강조.

Grammar Check

1. 동사에 '-ing'를 붙여서 명사처럼 쓸 수 있는데 이때 동사의 성격을 완전히 잃어버린다. Ⓣ | Ⓕ

2. 동명사는 해당 동사의 종류가 자동사인지 타동사인지에 따라서 목적어를 취할 수 있는지의 여부가 결정되는데, 자동사는 목적어가 필요하다. Ⓣ | Ⓕ

3. to 부정사도 목적어를 뒤에 가질 수 있다. 다시 말해 목적어를 취할 수 있다. Ⓣ | Ⓕ

Comprehension Quiz

1 다음 중 동명사가 쓰인 문장은?

   ① You are making fun of me.
   ② I will take care of the crying babies.
   ③ Dancing in front of people is not my thing.
   ④ I saw him eating lunch in the cafeteria.

2 다음 중 동명사가 쓰이지 <u>않은</u> 문장은?

   ① I remember seeing her last month.
   ② Paying 200 dollars is too much for me.
   ③ I enjoyed working with you.
   ④ Don't stand in the moving car.

3 'Watching'에 동사의 성격이 남아 있음을 보여 주는 증거는?

   > Watching movies in English is a good method to study English.

   ① watch에 -ing를 붙였기 때문에
   ② To watch로 바꿀 수 있기 때문에
   ③ Watching 뒤에 목적어 movies가 있기 때문에
   ④ Watching 뒤에 in English라는 전치사구를 썼기 때문에

4 각 -ing의 이름을 바르게 말한 것은?

   > (가) Memorizing words and (나) using words are very different. Students (다) memorizing words need to know grammar in order to place words in a correct position.

	(가)	(나)	(다)
①	동명사	동명사	현재분사
②	현재분사	동명사	현재분사
③	현재분사	현재분사	동명사
④	동명사	현재분사	동명사

5 다음 문장의 동명사는 그 사용이 완전하다고 할 수 없는데 왜 그럴까?

> Making is my hobby.

① 동명사 'Making' 뒤에 목적어가 없어서
② 동명사 'Making' 뒤에 전치사구가 없어서
③ 동명사 'Making'을 'To make'로 바꿀 수 있어서
④ 문장이 짧아서

6 괄호 안의 목적어를 넣어 각 문장을 자연스럽게 고치세요.

(1) Buying is expensive. (a computer)
  → _____

(2) Driving needs practice. (a car)
  → _____

(3) I like meeting. (new people)
  → _____

Reading & Writing **Practice**

[1~5] 다음 문장을 해석하세요.

1. Saving money is important, but spending it is more important.
   _____

2. Memorizing sentences is a good way in order to improve your English skill.
   _____

3. Sharing this with you is my pleasure.
   _____

4. I remember giving her my business card.
   _____

5. Everyone will enjoy talking about traveling in Korea.
   _____

[6~9] 다음 문장을 영어로 옮기세요.

6. 그녀에게 사실을 말하는 것이 마지막 남은 선택이다.
   _____

7. 나는 나의 공부를 위해서 영어 소설책 읽는 것을 시작했다.
   _____

8. 그를 만나는 것은 나를 신나게 만든다.
   _____

9. 비오는 날, 출퇴근 시간에 지하철을 이용하는 것은 스트레스를 준다.
   _____

소유격을 활용하면 말이 편해진다

 Learning Goals

'소유격' 다음에 올 수 있는 것은 무엇일까?

한국어가 모국어인 사람들이 '소유격'을 잘 쓰지 못하는 이유는 무엇일까?

소유격 뒤에 동명사를 사용함으로써 문장을 얼마나 길게 쓸 수 있는지 살펴보자.

소유격을 활용하면 말이 편해진다

1 소유격의 정의

소유격은 소유 관계를 표시하는 말로, '무엇을 소유하다, 가지다'라는 의미가 있다. 소유격 뒤에는 항상 명사를 써야 한다.

(1) 소유격 단어: my, your, his, her, its, our, their

(2) 소유격으로 만든 단어(명사+'s): Tom's, society's, God's

	주격(~이[가])	소유격(~의)	목적격(~을[를])	소유대명사(~의 것)
단수	I	my	me	mine
	you	your	you	yours
	he	his	him	his
	she	her	her	hers
	it	its	it	–
복수	we	our	us	ours
	you	your	you	yours
	they	their	them	theirs

2 소유격 + 명사

소유격(~의)	명사	소유격 + 명사
my	passion	my passion(나의 열정)
your	talents	your talents(너의 재능)
his +	generosity →	his generosity(그의 관대함)
her	sense of humor	her sense of humor(그녀의 유머 감각)
its	result	its result(그것의 결과)

our	income	our income(우리의 소득)
their	+ invitation →	their invitation(그들의 초대)
Tom's	laptop	Tom's laptop(Tom의 노트북 컴퓨터)
society's	welfare	society's welfare(사회의 복지)

소유격을 쓰면 문장을 짧게 줄이는 데 도움이 된다.

I like him because he is generous. 그는 관대해서 나는 그를 좋아한다.
= I like ⟨his⟩ ⟨generosity⟩.
　　　　소유격　　명사

3 소유격 + 동명사

동명사는 동사이면서 명사여서 명사처럼 소유격 뒤에 쓸 수 있다. 이는 동명사의 명사적 성격 때문이다.

소유격(~의)	명사(~하는 것)	소유격 + 명사(~가[이] ~하는 것)
my	going	my going(내가 가는 것)
your	working	your working(네가 일하는 것)
his	+ eating →	his eating(그가 먹는 것)
her	meeting	her meeting(그녀가 만나는 것)
our	studying	our studying(우리가 공부하는 것)
their	coming	their coming(그들이 오는 것)

The thing that we study English will help us someday.
우리가 영어를 공부하는 것은 언젠가 우리에게 도움이 될 것이다.
= ⟨Our⟩ ⟨studying⟩ English will help us someday.
　　소유격　　동명사

Grammar Knowledge

소유격 'my' 뒤에 동명사 'going'을 쓰면 '나의 가는 것'보다 '내가 가는 것', 소유격 'your' 뒤에 동명사 'working'을 쓰면 '너의 일하는 것'보다 '네가 일하는 것'으로 해석하는 것이 더 자연스럽다. 즉, 영어에서의 소유격은 보통 '~의'라고 해석하지만, 소유격을 동명사와 함께 쓸 경우에는 '~이[가]'라고 주어처럼 해석해야 자연스러운 경우가 많다.

Grammar Check

1. 한국어가 모국어인 학생들이 '소유격+동명사'를 잘 쓰지 못하는 이유는?
2. 소유격 뒤에 명사를 쓰는 것과 동명사를 쓰는 것 중 어느 것의 글의 수준(level)이 더 높을까?

Comprehension Quiz

1. to 부정사와 동명사 중 소유격 뒤에 쓸 수 있는 것은?
   ① to 부정사
   ② 동명사
   ③ to 부정사와 동명사 둘 다
   ④ 둘 다 쓸 수 없다.

2. 다음 중 소유격 뒤에 쓸 수 있는 단어는?
   ① take   ② nice   ③ coming   ④ happily

3. 다음 중 '소유격 + 동명사'를 사용한 표현은?
   ① his going there
   ② her shining eyes
   ③ my exciting dream
   ④ their running dogs

4. 다음 밑줄 친 부분의 쓰임이 나머지와 다른 하나는?
   ① It is working well.
   ② I like your working here.
   ③ How many working people do you have?
   ④ I know Kathy working with Emma.

5. 다음 우리말을 '소유격 + 동명사'를 이용하여 바르게 옮긴 것은?

   > 늦게 와서 죄송합니다.

   ① I am sorry that I came late.
   ② I am sorry for my coming late.
   ③ I am sorry to come late.
   ④ I am sorry for coming late.

6. 다음 한국말을 영어로 바르게 옮긴 것은?

   > 우리가 다툰 것은 서로가 오해한 것 때문이다.

   ① Our fighting is because of the each other's misunderstanding.
   ② Our fight is because of the each other misunderstanding.
   ③ Our fighting is because of the each other misunderstanding.
   ④ Our fighting is because of the each's other misunderstandings.

Comprehension Quiz

7 다음 표현을 우리말로 옮기세요.

(1) his saving money → _____

(2) your playing the piano → _____

(3) my sitting next to you → _____

8 한국어가 모국어인 사람들은 '소유격+동명사'를 사용하는 데 어려움을 겪게 되는데 그 이유로 바른 것은?

① 영어의 '소유격+동명사'에서 소유격이 한국말로 번역될 때 주어처럼 번역되기 때문에
② 한국말에는 '소유격'이 없기 때문에
③ '소유격+동명사'는 해석을 하지 않기 때문에
④ 한국말의 '소유격'이 영어의 '소유격'보다 길기 때문에

9 동명사를 소유격과 함께 쓴 것은?

> 1 Your insisting on 2 going there is 3 causing another problem in 4 this confusing situation.
> 이 정신 없는 상황에서 네가 거기에 가자고 고집을 피우는 것은 또 다른 문제를 일으키고 있어.

① 1   ② 2   ③ 1, 3   ④ 1, 4

Reading & Writing Practice

[1~5] 다음 문장을 해석하세요.

1 I am happy to hear your being successful.

2 My complaining about this has nothing to do with you.

3 Their cleaning the street in the morning always wakes me up.

4 Jack's challenging it has a positive effect.

5 I am sorry for my coming too early.

[6~9] 다음 문장을 영어로 옮기세요.

6 그가 사실을 말하는 것이 그 문제를 해결할 것이다.

7 아무에게도 내가 그녀와 만나는 것에 대해 말하지 마세요!

8 내가 여기에서 일하는 것은 비밀이야.

9 그가 기타를 치면서 노래를 부르는 것이 나를 진정시켰다.

Grammar
Application to Writing

한국말을 보고 조금씩 늘려 가면서 쓰는 연습을 해 보세요. 그리고 입에서 빨리 나올 때까지 말하기 연습을 해 보세요.

1. ① 가는 것
   _____

   ② 너의(네가) 가는 것
   _____

   ③ 너의(네가) 거기에 가는 것
   _____

   ④ 나는 너의(네가) 거기에 가는 것을 이해한다.
   _____

2. ① 전화하는것
   _____

   ② 나에게 전화하는 것
   _____

   ③ 그의(그가) 나에게 전화하는 것
   _____

   ④ 그의(그가) 나에게 전화하는 것이 놀라게 했다
   _____

   ⑤ 그의(그가) 나에게 전화하는 것이 모두를 놀라게 했다.
   _____

3. ① 불평하는 것

_____

② 그의(그가) 불평하는 것

_____

③ 그의(그가) 짧은 휴식 시간에 대해서 불평하는 것

_____

④ 그의(그가) 짧은 휴식 시간에 대해서 불평하는 것이 야기했다

_____

⑤ 그의(그가) 짧은 휴식 시간에 대해서 불평하는 것이 문제를 야기했다.

_____

4. ① 시험 보는 것

_____

② 나의(내가) 시험 보는 것

_____

③ 나의(내가) 시험 보는 것에 대해서

_____

④ 나는 나의(내가) 시험 보는 것에 대해서 생각했다.

_____

Grammar
Application to Writing

5. ① 실수하는 것
_____

② 너의(네가) 실수하는 것
_____

③ 너의(네가) 실수하는 것이 당황하게 했다
_____

④ 너의(네가) 실수하는 것이 우리를 당황하게 했다.
_____

6. ① 만나는 것
_____

② 우리의(우리가) 만나는 것
_____

③ 우리의(우리가) 월요일에 만나는 것
_____

④ 우리의(우리가) 월요일에 만나는 것은 비밀이다.
_____

7. ① 공부하는 것
_____

② 우리의(우리가) 공부하는 것

_____

③ 우리의(우리가) 영어 공부하는 것

_____

④ 우리의(우리가) 영어 공부하는 것은 도움이 될 것이다

_____

⑤ 우리의(우리가) 영어 공부하는 것은 우리에게 도움이 될 것이다

_____

⑥ 우리의(우리가) 영어 공부하는 것은 언젠가 우리에게 도움이 될 것이다.

_____

8. ① 오는 것

_____

② 너의(네가) 오는 것

_____

③ 너의(네가) 정시에 오는 것

_____

④ 나는 너의(네가) 정시에 오는 것을 기대했다.

_____

Lecture 11

'go+-ing'는 왜 만들었을까?

Learning Goals

'go' 다음에 동명사를 쓰는 말투가 상용화되었다는 것으로 짐작할 수 있는 것은 무엇일까?

동사를 명사화하는 '-ing'를 많이 쓰면서 굳어진 표현이 생기게 되었는데 대표적인 것이 'go+-ing'이다. 이렇게 정형화되었다는 것은 그만큼 많이 쓰인다는 것이다.

11 LECTURE 'go+-ing'는 왜 만들었을까?

1. 'go + -ing'

일상생활에서 많이 사용하는 동사 'go' 뒤에 '-ing'를 쓰는 것은 문화적인 시각에서 바라보아야 한다. 'go+-ing(~하러 가다)'의 표현이 생겼다는 것은, 이러한 활동들이 실제로 대단히 많이 이루어지고 있으며 생활 깊숙이 자리를 잡고 있다는 말이다. 예를 들어, '새를 보러 가거나 제트 스키를 타러 가거나, 또는 사냥하러 가는' 것은 우리에게는 흔히 있는 활동이 아니지만 영어권 사람들에게는 일상적인 활동(activity)이다. 그래서 그들은 자연스럽게 'go+-ing'를 사용하지만 우리가 사용하기는 어려웠다.

More View

① 우리는 매일 새 구경하러 간다.
  → We go bird-watching every day.

② 우리는 내일 보트 타러(뱃놀이 하러) 갈 거예요.
  → We will go boating tomorrow.

③ 그들은 캠핑을 갔다.
  → They went camping.

④ 나는 춤추러 가고 싶어요.
  → I want to go dancing.

⑤ 우리는 등산을 가곤 했어요.
  → We used to go hiking.
  * hiking: 가벼운 등산
    cf) rock climbing: 암벽 등반

⑥ 나는 조깅하러 가고 싶어요.
  → I want to go jogging.
  cf) I went running. 나는 달리기하러 갔다.
  * running: jogging보다 조금 더 빨리 달리는 것.

⑦ 쇼핑을 가기 위해서 그들은 외출했다.
  → In order to go shopping, they went out.

⑧ 나는 그냥 윈도쇼핑하러 가고 싶어요.
   → I just want to go window-shopping.

⑨ 겨울에 사람들은 스케이트를 타러 간다.
   → In winter, people go skating.

⑩ 내 친구와 나는 스키 타러 갈 거예요.
   → My friend and I will go skiing.

⑪ Jack과 그의 남동생은 수영하러 간다.
   → Jack and his younger brother go swimming.

⑫ 나는 볼링 하러 가는 것을 좋아한다.
   → I like to go bowling.

⑬ 누가 카누 타러 갔니?
   → Who went canoeing?

⑭ 어떤 사람들은 낚시하러 가는 것을 좋아한다.
   → Some people like to go fishing.

⑮ 위스콘신 주 사람들은 11월에 사냥하러 간다.
   → People in Wisconsin go hunting in November.

⑯ 나는 매주 금요일마다 암벽 등반을 갔다.
   → I went rock climbing every Friday.

⑰ 어디 있었니? 난 뛰러 갔었는데.
   → Where were you? I went running.

⑱ 그들은 항해 나갈 준비를 했다.
   → They prepared to go sailing.

⑲ 그 관광객들은 관광을 가기 위해서 버스를 탔어요.
   → The tourists took a bus to go sightseeing.

2 to부정사가 동명사로 바뀔 때 동사의 의미 변화

(1) 아래에 제시된 동사들은 뒤에 to 부정사가 오든 동명사가 오든 의미의 변화가 없다.

> start, like, love, begin, hate, continue, prefer, stand, bear, intend

I started to run.
          running.
나는 달리기 시작했다.

She likes to read.
            reading.
그녀는 독서하는 것을 좋아한다.

We love to travel.
          traveling.
우리는 여행하는 것을 좋아한다.

He began to lose his money.
           losing his money.
그는 돈을 잃기 시작했다.

I hate to take a test.
         taking a test.
나는 시험 보는 것을 싫어한다.

They continued to study.
                 studying.
그들은 공부하는 것을 계속했다. (그들은 계속 공부했다.)

I prefer to study alone (rather) than (to) study together.
           studying alone to studying together.
나는 여럿이 함께 공부하는 것보다 혼자 공부하는 것을 더 좋아한다.

Tim can't stand to be in the room alone.
                  being in the room alone.
Tim은 방에 혼자 있는 것을 견디지 못한다.

I can't bear to hear the wave music again and again.
               hearing the wave music again and again.
나는 그 웨이브 음악이 계속 반복해서 들리는 것을 참을 수가 없다.

I intend to go to the meeting.
           going to the meeting.
나는 회의에 갈 의향이 있다.

(2) 다음 동사들은 그 뒤에 to 부정사가 올 때는 **미래**에 할 일을 나타내고, 동명사가 올 때는 **과거**에 했던 일을 나타낸다.

Please remember to lock the door! ▶ 미래(잠글 것).
문 잠그는 것을 기억하세요!

I remember locking the door before I went out. ▶ 과거(잠갔던 것).
나는 나가기 전에 문을 잠갔던 걸 기억한다.

I regret to tell you that she said no. ▶ 미래(말할 것).
그녀가 싫다고 한 것을 너에게 말하게 되어 유감이다.

I regret telling you that she said no. ▶ 과거(말했던 것).
그녀가 싫다고 한 것을 너에게 말했던 것이 후회돼.

Sam often forgets to take the medicine. ▶ 미래(약을 먹을 것).
Sam은 종종 약 먹는 것을 잊어버린다.

I will never forget taking the medicine. ▶ 과거(약을 먹었던 것).
나는 약을 먹었던 것을 절대 잊어버리지 않겠다.

Grammar Package
to 부정사는 앞으로 해야 할 행위나 경험 등을 나타내는 반면, 동명사는 이전에 했던 행위나 경험 등을 주로 나타낸다.

단, 의문문이나 부정문에서 동사 'forget' 뒤에는 **동명사**만 쓸 수 있다.

I'll never forget meeting you. ▶ 'never'가 들어간 부정문.
나는 너를 만났던 것을 절대 잊지 않겠다.

I can't forget having this conversation. ▶ 'can't'가 들어간 부정문.
나는 이 대화를 했던 것을 잊을 수가 없다.

Have you ever forgotten meeting me? ▶ 'Have you . . . ?'가 들어간 의문문.
저를 만났던 것을 잊어 본 적 있으세요?

Can you ever forget spending the day with me? ▶ 'Can you . . . ?'가 들어간 의문문.
나와 함께 보낸 날을 잊을 수 있겠어?

Did you *forget going* there? ▶ 'Did you . . . ?'가 들어간 의문문.
거기에 갔던 것을 잊었니?

(3) 동사 'stop' 뒤에 to 부정사가 올 때와 동명사가 올 때 의미의 차이가 있다.

① stop + 동명사: ~하기를 멈추다, 그만두다

When the professor entered the room, the students [stopped] *talking*. The room became quiet.
교수님이 강의실에 들어오시자 학생들은 이야기를 멈추었다. 강의실은 조용해졌다.

교수님이 강의실에 들어오시는데 학생들이 친구들과 계속 떠들까? 아니면 이야기를 멈출까? 당연히 멈춘다. 'stop' 뒤에 쓰인 'talking'은 동명사이고, 그 의미는 교수가 들어오기 이전의 과거에서부터 해 오던 특정 행동(talking: 떠드는 것)을 그만둔다는 의미이다.

② stop + to 부정사: ~하기 위하여 멈추다

When I saw the professor in the hallway, I [stopped] *to talk* to him.
나는 교수님을 복도에서 보고 그에게(교수님께) 말을 걸기 위해 멈추었다.

'stop' 뒤에 쓰인 'to'는 'in order to(~하기 위하여)'의 'to'이다. 미래에 어떤 행동을 하기 위해 멈춘다는 의미이다. 여기에서 to talk은 미래에 곧 하게 될 행동을 말한다.

3 동명사를 쓰기로 작정한 표현

영어는 표현 방식을 정해 놓은 것들이 있다. 표현 방식을 정해 놓은 이유는 그만큼 많이 사용하기 때문이다. 다음은 동명사를 써야만 말이 되는 표현들이다. 반드시 통째로 외워 두길 바란다.

- Sue *is in charge of* organiz*ing* the meeting.
  Sue는 회의 준비를 담당하고 있다.

- I *am interested in* study*ing* more about Stone Age.
  나는 석기 시대에 대해서 더 공부하는 것에 흥미가 있다.

- I *am used to* work*ing* late at night.
  나는 밤늦게 일하는 것에 익숙해 있다.

- I do not feel up to going shopping today.
  나는 오늘 쇼핑 갈 기력이 없다.

- We are thinking about raising the minimum wages.
  우리는 최저 임금을 올리는 것에 대해서 생각 중이다.

- Jim complained about sleeping on the cold floor.
  Jim은 차가운 바닥에서 자는 것에 대해서 불평했다.

- I am afraid of being in a dark room alone.
  나는 어두운 방에 혼자 있는 것을 무서워 한다.

- She is worried about taking the TOEFL test.
  그녀는 토플 시험 보는 것에 대해서 걱정하고 있다.

- We were surprised about changing plans at this late day.
  우리는 이렇게 늦은 날에 계획을 바꾸는 것에 대해서 놀랐다.

- I thanked the teacher for teaching me.
  나는 (선생님께서) 나를 가르쳐 주신 것에 대해 선생님께 감사해 했다.

- He made an excuse for leaving early.
  그는 일찍 떠나는 것에 대해 변명했다.

- We talked about going to Alaska for our vacation.
  우리는 휴가차 알래스카 주에 가는 것에 대해서 이야기했다.

- I am accustomed to working late at night.
  나는 밤늦게 일하는 것에 익숙하다.

- I look forward to having my brother's birthday party.
  나는 우리 형의 생일 파티를 여는 것을 학수고대하고 있다.

- They object to working on Sunday.
  그들은 일요일에 일하는 것에 반대한다.

- I want to take part in writing the book.
  나는 그 책을 쓰는 것에 참여하고 싶다.
  ＊take part in: ~에 참여하다

- I am tired of listening to your songs.
  나는 너의 노래를 듣는 것에 지쳤다.

- Mike was proud of getting an "A" in history.
  Mike는 역사 과목에서 "A"를 받은 것에 대해 자랑스러워 했다.

Grammar Package
전치사 뒤에는 항상 동명사가 쓰인다.

Comprehension Quiz

1 다음 각 문장을 해석하세요.

(1) I go shopping. → _____

(2) I go to a shop. → _____

(3) I'm going to shop. → _____

(4) I go and look at the shop. → _____

2 다음 우리말을 영어로 바르게 옮긴 것은?

> 나는 내 친구와 함께 조깅하러 갔어요.

① I am going jogging with my friend.   ② I went jogging with my friend.
③ With my friend I will go jogging.   ④ With my friend I go jogging.

3 다음 중 'go+동명사'로 쓰인 문장으로 볼 수 없는 것은?

① We are going fishing.   ② We will be going fishing.
③ Going to fishing is fun.   ④ We are going to go fishing.

4 다음 빈칸에 들어갈 적절한 동명사를 쓰세요.

(1) Who wants to go _____ with me? (누가 나와 함께 수영하러 가고 싶니?)

(2) I like to go _____ with you. (나는 너와 함께 등산가는 것을 좋아해.)

(3) We should go _____ with them. (우리는 그들과 함께 야영하러 가야 해.)

5 다음 글에서 괄호 안에 들어갈 단어들을 채워 넣는다면 'go+동명사'의 형태로 쓸 수 있는 곳은 모두 몇 군데일까요?

> We will ( ) hiking this weekend. The park is a great place ( ) hiking. It is easy to see people ( ) hiking there. The last time we ( ) hiking, the weather was perfect. I hope the weather this weekend will be good to ( ) hiking again.

① 두 군데   ② 세 군데   ③ 네 군데   ④ 다섯 군데

Comprehension Quiz

6 다음 빈칸에 적절한 표현은?

> I am used to _____ like kimchi.

① have eaten spicy food ② eat spicy food
③ eating spicy food ④ to eat spicy food

7 다음 빈칸에 적절한 표현은?

> I thanked him _____ _____ for me.

① on wait ② at wait ③ to waiting ④ for waiting

8 다음 빈칸에 적절한 표현은?

> He took part _____.

① to completing the project ② in completing the project
③ on complete the project ④ for complete the project

Reading & Writing **Practice**

[1~5] 다음 문장을 해석하세요.

1. I went rollerblading with my friends to the park.
   _____

2. In these days, many people like to go camping.
   _____

3. Let's go anywhere! How about going hiking?
   _____

4. I remember saving his number in my phone.
   _____

5. You need to remember to fax this by three o'clock.
   _____

[6~9] 다음 문장을 영어로 옮기세요.

6. 나는 한 번도 낚시를 가 본 적이 없어. 넌 어때?
   _____

7. 너 나한테 번지 점프를 하러 가자고 하는 거니?
   _____

8. 그는 이것을 기획하는 걸 담당하고 있다.
   _____

9. 나는 퇴근하고 수영하러 갈 마음이 내키지 않아. 오늘 춥잖아.
   _____

Memorize these Verbs followed by Gerunds[Verb+-ing]!

challenge

아래의 '동명사를 목적어로 취하는 단어들'은 반드시 기억해야 합니다. 빈칸에 철자를 넣어 가면서 외워 보세요.

1. ~하면 안 될까요? W_____ you m____ + -ing?
   * mind + -ing: ~을 꺼리다
2. ~하는 것을 멈추다, 그만두다 st__ + -ing
3. ~하는 것을 제안하다 s__ ge__ + -ing
4. ~하는 것을 끝마치다, 끝내다 f__ is_ + -ing
5. ~한 것을 인정하다 ad_ i_ + -ing
6. ~이라고 언급하다 me__ io_ + -ing
7. ~를 그만두다 qu__ + -ing
8. ~하는 것에 분개하다 r_ se_ + t -ing
9. ~한 것을 부인하다 d_ n_ + -ing
10. ~한 것을 생각해 내다 r_ ca__ + -ing
11. ~하지 않으려고 저항하다 r_ si__ + -ing
12. ~하지 못하다 m__ s + -ing
13. ~하는 것을 연기하다 p_ st_ on_ + -ing
14. ~하는 것을 시도했었다(과거 시제) t_ ie_ + -ing
15. 위험을 무릅쓰고 ~하다, 감행하다 r_ s_ + -ing
16. ~하리라 내다보다, 예상하다 a__ tic_ p_ t_ + -ing
17. ~하는 것을 미루다, 연기하다 d_ la_ + -ing
18. ~하지 않을 수 없다 cannot h_ l_ + -ing
19. (특히 애를 써서) ~한 것을 기억해[생각해] 내다 r_ co__ ec_ + -ing
20. ~하는 것을 용인하다, 너그럽게 봐주다 t_ l_ r_ t_ + -ing
21. ~하는 연습을 하다 p_ a_ t_ c_ + -ing
22. ~할 것을 고려하다 con_ i_ e_ + -ing
23. 계속해서 ~하다 k__ p + -ing
24. ~하는 것을 완료하다, 완결하다 co_ pl_ t_ + -ing

25.	~이 ~해 준 걸 감사하다	a _ p _ e _ _ _ at _ + 소유격 + -ing
26.	~하는 것을 피하다, 회피하다	a _ o _ d + -ing
27.	~할 것을 추천하다, 권하다	rec _ m _ e _ d + -ing
28.	~하는 것을 논의하다	d _ _ cu _ s + -ing
29.	~하는 것을 싫어하다	d _ _ l _ k _ + -ing
30.	~하기를 시작하다	s _ ar _ + -ing
31.	~하는 것을 더 좋아하다, 선호하다	pr _ _ e _ + -ing
32.	~할 작정이다, 의도이다	int _ _ _ _ + -ing
33.	~한 것을 후회하다	reg _ _ _ _ + -ing
34.	~한 것을 잊어버리다	f _ _ g _ t + -ing
35.	~한 것을 기억하다	r _ me _ _ e _ + -ing
36.	~하는 것을 즐기다	e _ j _ y + -ing
37.	계속(해서) ~하다	co _ tin _ _ + -ing
38.	~하는 것을 매우 좋아하다	l _ v _ + -ing
39.	~하는 것을 좋아하다	l _ k _ + -ing
40.	~하는 것을 싫어하다	ha _ e + -ing
41.	~하도록 충고하다, 조언하다	adv _ _ _ _ + -ing
42.	~하기 시작하다	b _ g _ n + -ing

Memorize these Verbs followed by Gerunds [Verb + -ing]!

Check

아래의 '동명사를 목적어로 취하는 단어들'은 반드시 기억해야 합니다. 생활 속에서 자주 사용되는 동사들입니다.

1.	~하면 안 될까요?	Would you mind + -ing?
2.	~하는 것을 멈추다, 그만두다	stop + -ing
3.	~하는 것을 제안하다	suggest + -ing
4.	~하는 것을 끝마치다, 끝내다	finish + -ing
5.	~한 것을 인정하다	admit + -ing
6.	~이라고 언급하다	mention + -ing
7.	~를 그만두다	quit + -ing
8.	~하는 것에 분개하다	resent + -ing
9.	~한 것을 부인하다	deny + -ing
10.	~한 것을 생각해 내다	recall + -ing
11.	~하지 않으려고 저항하다	resist + -ing
12.	~하지 못하다	miss + -ing
13.	~하는 것을 연기하다	postpone + -ing
14.	~하는 것을 시도했었다(과거 시제)	tried + -ing
15.	위험을 무릅쓰고 ~하다, 감행하다	risk + -ing
16.	~하리라 내다보다, 예상하다	anticipate + -ing
17.	~하는 것을 미루다, 연기하다	delay + -ing
18.	~하지 않을 수 없다	cannot help + -ing
19.	(특히 애를 써서) ~한 것을 기억해[생각해] 내다	recollect + -ing
20.	~하는 것을 용인하다, 너그럽게 봐주다	tolerate + -ing
21.	~하는 연습을 하다	practice + -ing
22.	~할 것을 고려하다	consider + -ing
23.	계속해서 ~하다	keep + -ing
24.	~하는 것을 완료하다, 완결하다	complete + -ing
25.	~이 ~해 준 걸 감사하다	appreciate + 소유격 + -ing

26.	~하는 것을 피하다, 회피하다	avoid + -ing
27.	~할 것을 추천하다, 권하다	recommend + -ing
28.	~하는 것을 논의하다	discuss + -ing
29.	~하는 것을 싫어하다	dislike + -ing
30.	~하기를 시작하다	start + -ing
31.	~하는 것을 더 좋아하다, 선호하다	prefer + -ing
32.	~할 작정이다, 의도이다	intend + -ing
33.	~한 것을 후회하다	regret + -ing
34.	~한 것을 잊어버리다	forget + -ing
35.	~한 것을 기억하다	remember + -ing
36.	~하는 것을 즐기다	enjoy + -ing
37.	계속(해서) ~하다	continue + -ing
38.	~하는 것을 매우 좋아하다	love + -ing
39.	~하는 것을 좋아하다	like + -ing
40.	~하는 것을 싫어하다	hate + -ing
41.	~하도록 충고하다, 조언하다	advise + -ing
42.	~하기 시작하다	begin + -ing

사용 빈도수가 높은 핵심 구조

 Learning Goals

사용 빈도수가 높은 영어 문장의 기본 핵심 구조에 대해서 알아보자.

이 핵심 구조에서 '전치사'의 역할은 무엇일까?

지금부터는 영어 문장을 쉽게 쓰는 방법을 살펴보자. 우리가 복잡하다고 생각하는 영어의 모든 문장은 두 부분으로 나눌 수 있다. 이 두 부분을 잘 구별하면 영어 문장을 쉽게 쓸 수 있다.

LECTURE 12. 사용 빈도수가 높은 핵심 구조

1. 영어로 문장을 쓰기 위한 3단계

(1) 한국어와 영어는 문장을 쓸 때 처음에 오는 두 단어(주어와 동사)의 순서가 같다.

1 나는 / 2 운전한다.　　1 우리는 / 2 공부한다.
1 I　　/ 2 drive.　　　 1 We　 / 2 study.

More View

① 1 회사들은　2 무시했다.
→ 1 Companies　2 ignored.

② 1 사람들은　2 즐긴다.
→ 1 People　2 enjoy.

③ 1 민족성은　2 강조한다.
→ 1 Ethnicity　2 emphasizes.

④ 1 선생님들은　2 강조했다.
→ 1 Teachers　2 emphasized.

⑤ 1 인간은　2 예측한다.
→ 1 Human beings　2 predict.

⑥ 1 그 과장은　2 알고 있다.
→ 1 The manager　2 knows.

⑦ 1 그녀는　2 구입했다.
→ 1 She　2 purchased.

⑧ 1 우리는　2 환불했다.
→ 1 We　2 refunded.

Grammar Knowledge

단순하게 말하자면, 'I drive.', 'We study.'처럼 보통 두 단어로 구성된 문장을 1형식이라고 한다. 물론 두 단어가 넘어가는 경우도 적지 않지만, 여기에서 핵심은 1형식은 '주어+동사'로 구성되어 있다는 점이다. 하지만 엄밀히 말해서 1형식은 '주어+자동사'이다. 자동사는 목적어를 뒤에 쓰지 않는 반면, drive, study 등과 같은 타동사는 목적어를 뒤에 쓸 수 있다. 그럼에도 불구하고 목적어를 쓰지 않았다면 내용상 목적어가 필요 없거나 이미 알고 있는 경우라고 볼 수 있다. 이렇게 목적어를 쓸 수 있음에도 불구하고 '주어+동사'로 줄여서 쓴 문장을 '의도적인 1형식'이라 하고, '목적어를 뺀 3형식'이라고 부르기도 한다. 하지만 학습 효과 측면에서 보면, 1형식으로 접근했다가 나중에 목적어를 써서 3형식으로 넓히는 것이 1형식과 3형식을 한꺼번에 익히기에 더 효과적이다.

(2) 영어는 문장에서 처음에 오는 두 단어의 순서(주어+동사)가 정해지면, 나머지는 순서대로 뒤에 쓴다. 두 개의 단어로만 문장을 완성하면 내용상 좀 아쉬움이 남는다. '즐긴다' 무엇을?, '강조한다' 무엇을?, '예측한다' 무엇을?……. 바로 여기에서 세 번째 단어의 필요성이 생긴다. 그렇다면 세 **번째 단어**를 어디에 넣어야 할까? 세 **번째 단어**는 주어와 동사 다음에 온다.

1 나는 / 2 운전한다 / 3 자동차를 → 나는 자동차를 운전한다.
1 I / 2 drive / 3 a car → I drive a car.

한국에서는 '나는 운전한다.'라는 문장에 세 번째 단어 '자동차를'을 어디에 넣어도 말이 된다.
• 자동차를 나는 운전한다.   • 나는 자동차를 운전한다.   • 나는 운전한다 자동차를.

(3) 하지만 영어는 마음대로 넣을 수 없고 세 **번째 단어**는 반드시 세 **번째 자리**에 넣어야 한다. 이처럼 영어는 단어가 오는 순서를 중요하게 여긴다. 이 세 번째 자리에 쓰는 명사를 '목적어'라고 한다. 이와 같이 영어는 규칙을 중요하게 여기기 때문에 'rule-governed language(규칙의 지배를 받는 언어)'라고 한다. 영어를 잘 쓰고 말한다는 것은 이 규칙을 잘 따른다는 말이다.

1 우리는 / 2 공부한다 / 3 영어를 → 우리는 영어를 공부한다.
1 We / 2 study / 3 English → We study English.

More View

① 1 회사들은   3 환경을   2 무시했다.
→ 1 Companies   2 ignored   3 the environment.

② 1 사람들은   3 음식을   2 즐긴다.
→ 1 People   2 enjoy   3 food.

③ 1 민족성은   3 문화를   2 강조한다.
→ 1 Ethnicity   2 emphasizes   3 culture.

④ 1 선생님들은   3 그 단어들을   2 강조했다.
→ 1 Teachers   2 emphasized   3 the words.

⑤ 1 인간은 3 미래를 2 예측한다.
→ 1 Human beings 2 predict 3 the future.

⑥ 1 그 과장은 3 그 결과를 2 알고 있다.
→ 1 The manager 2 knows 3 the result.

⑦ 1 그녀는 3 그 가방을 2 구입했다.
→ 1 She 2 purchased 3 the bag.

⑧ 1 우리는 3 그 옷을 2 환불했다.
→ 1 We 2 refunded 3 the clothes.

Grammar Knowledge

단순하게 설명하자면, 'I drive a car.', 'We study English.'처럼 보통 세 단어로 구성된 문장을 3형식이라고 한다. 3형식은 '주어+동사+목적어'로 구성된 문장을 말한다. 영어는 이 세 단어를 순서대로 써야 하기 때문에 'SVO language'라고도 한다. S는 주어, V는 동사, O는 목적어이다.

(3) 세 번째 단어까지 쓰고 나면 어느 정도 긴 문장이 완성된다. 만일 더 길게 쓰고 싶다면 네 번째 단어를 쓰면 되는데 이때 가장 많이 사용되는 단어가 '전치사'이다.

More View

① 1 회사들은 4 그 경고에도 불구하고 3 환경을 2 무시했다.
→ 1 Companies 2 ignored 3 the environment 4 despite the warning.

② 1 사람들은 4 다른 나라에서 온 3 음식을 2 즐긴다.
→ 1 People 2 enjoy 3 food 4 from other countries.

③ 1 민족성은 4 단합을 위해서 3 문화를 2 강조한다.
→ 1 Ethnicity 2 emphasizes 3 culture 4 for the unity.

④ 1 선생님들은 4 1장에 있는 3 단어들을 2 강조했다.
→ 1 Teachers 2 emphasized 3 the words 4 in the chapter 1.

⑤ 1 인간은 4 불확실성 속에서 3 미래를 2 예측한다.
→ 1 Human beings 2 predict 3 the future 4 in uncertainty.

⑥ 1 그 과장은 4 그 신제품에 대한 3 결과를 2 알고 있다.
→ 1 The manager 2 knows 3 the result 4 about the new product.

⑦ 1 그녀는 4 가게에서 3 그 가방을 2 구입했다.
→ 1 She 2 purchased 3 the bag 4 at the store.

⑧ 1 우리는 4 가게에서 3 그 옷을 2 환불했다.
→ 1 We 2 refunded 3 the clothes 4 at the store.

문법적 필수 부분 Essential Part		부가적인 부분 Additional Part
1 I 2 drive	3 a car	4 on the street.
1 We 2 study	3 English	4 from the Internet.
생략하면 문법적으로 틀리게 된다. 문법적인 영향을 강하게 받는 부분.	생략하면 문법적으로 틀리진 않지만 내용 전달이 미흡해지는 부분.	생략해도 문법적으로 틀리진 않는다. 문법적인 영향을 받지 않는 부분.

Grammar Package

앞에서 배웠던 영어에서 사용 빈도수가 가장 높은 단어 배열을 기억해 보자.

명사 + 동사 + 명사 / 전치사 + 명사

❶ '나는 거리에서 차를 운전한다.'를 처음부터 한 번에 쓰려고 하면 부담스러울지도 모른다. 그러나 처음에 오는 두 단어를 정해 놓고, 차례대로 세 번째, 네 번째 단어를 쓰면 쉽게 쓸 수 있다.

❷ 영어 문장은 크게 두 부분으로 나누어지는데, 앞에 있는 '명사＋동사＋명사'는 필수적인 부분(Essential Part)이고, 뒤에 있는 '전치사＋명사'는 부가적인 부분(Additional Part)이다.

❸ 말 그대로 필수적인(essential) 부분은 반드시 있어야 하는 부분이고, 추가적인 또는 부가적인(additional) 부분은 없어도 문법에 크게 영향을 주지 않는 부분이다.

문장 'I drive a car on the street.'에서 하나씩 삭제해 보자.

① _____ drive a car on the street. ▶ 첫 번째로 오는 명사는 주어라 빠지면 안 된다.

② I _____ a car on the street. ▶ 두 번째로 오는 것은 동사로, 내가 하고 있는 것이 무엇인지를 알려 주는 중요한 부분이라 빠지면 안 된다.

③ I drive _____ on the street. ▶ 어느 정도 말은 되지만 아쉬움이 남는다. 타동사는 목적어를 뒤에 써 주어야 한다는 규칙에서 어긋난다.

④ I drive a car _____. ▶ '전치사＋명사'는 빠져도 문법이 틀리지 않는다.

Grammar Knowledge

전치사와 명사를 함께 써서 **전치사구(전치사+명사)**라 하며, on the street, from the Internet 등이 이에 속한다. 전치사구는 문법에 영향을 주지 않기 때문에 문장 형식에도 영향을 주지 않는다.

(1) 1형식 문장 뒤에 아무리 전치사구를 많이 써도 1형식이다.

I study **at** home **after** school **until** 6 p.m. 나는 방과 후 오후 여섯 시까지 집에서 공부한다. ▶ 1형식.

He came **to** me **with** empty hands. 그는 빈손으로 나에게 왔다. ▶ 1형식.

I go **to** work **by** bus. 나는 버스를 타고 일터에 간다. ▶ 1형식.

(2) 3형식 문장 뒤에 아무리 전치사구를 많이 써도 3형식이다.

I drive a car **from** Monday **to** Friday. 나는 월요일부터 금요일까지 차를 운전한다. ▶ 3형식.

2 문법의 제약에서 자유로움을 알리는 전치사

전치사는 문장에서 문법의 영향을 받지 않는 부분, 즉 부가적인 부분(Additional Part)의 시작을 알려 준다.

(1) They enjoyed food　　　　　　　from　　other countries.
　　그들은 다른 나라에서 온 음식을 즐겼다.

(2) The teachers emphasized the words　in　　the chapter 1.
　　그 교사들은 1장에 나온 단어들을 강조했다.

(3) The manager knows the result　　　about　the new product.
　　그 과장은 그 신제품에 대한 결과를 알고 있다.

(4) We refunded the clothes　　　　　　at　　the store.
　　우리는 그 가게에서 옷을 환불했다.

'명사+동사+명사' 다음에 전치사를 쓸 수 있고, 전치사는 문장을 더 길게 쓰는 데 대단히 효과적이다.

Grammar Package

영어에서 **사용 빈도수가 가장 높은 문법이 전치사**이다. 영어를 잘하고 싶다면 전치사는 반드시 잘 알아 두어야 한다.

Grammar Check

1. 문장 내에서 쓰인 '전치사+명사'는 빼도 문법이 틀리다고 할 수 없다. ⓣ | ⓕ
2. '전치사+명사'는 보통 어디에 위치하나?
3. 문장 속에 '전치사+명사'를 활용해 쓰면 문장에서 어떤 변화가 생기는가?
4. 영어에서 사용 빈도수가 가장 높은 단어 배열을 쓰고, 그 핵심 구조에 대해 설명해 보라.
5. 무엇을 보고 필수적인 부분의 시작을 알 수 있나?
6. 무엇을 보고 부가적인 부분의 시작을 알 수 있나?

Comprehension Quiz

1 영어에서 사용 빈도수가 가장 높은 단어 배열을 쓰세요.
   _____

2 다음 문장에서 부연 설명하는 부분에 밑줄을 그으세요.

   > (1) I sent it on Monday.
   > (2) Who moved my file on the desk?
   > (3) I had a stomachache in the morning.
   > (4) Couples walked along the street lights.

3 다음 문장에서 부연 설명하는 부분은 모두 몇 개인가?

   > After lunch, I ordered a T-shirt on the Internet. I paid 25 dollars for the shirt. I will wear the shirt for my picnic.

   ① 세 개   ② 네 개   ③ 다섯 개   ④ 여섯 개

4 아래에 제시된 단어 및 구를 이용하여 문장을 만드세요.

   > took,   at the terminal,   a taxi,   I

   _____

5 아래에 제시된 단어 및 구를 이용하여 문장을 만드세요.

   > a reservation,   to go to Busan,   made,   for a seat,   I

   _____

6 각 문장의 '주어와 동사'에 모두 밑줄을 그으세요.

   > Three rats sat at the bar. They bragged about their bravery and toughness. The first rat said, "I'm so tough, once I ate a whole bagful of rat poison!" The second said, "I'm so tough, once I was caught in a rat trap and I broke it into pieces!" Then the third rat got up and said, "See you tomorrow. I have to go home to play with my cat."

Reading & Writing **Practice**

[1~5] 다음 문장을 해석하세요.

1 I met her after work.
   _____

2 It was because I needed help from her.
   _____

3 We had coffee together in the coffee shop near the office.
   _____

4 She shared important information with me.
   _____

5 After talking with her, I took a bus around 9 p.m.
   _____

[6~9] 다음 문장을 영어로 옮기세요.

6 나는 그것을 구석으로 밀었다.
   _____

7 그는 1분 안에 많은 문장을 썼다.
   _____

8 누가 너에게 그것을 말했니?
   _____

9 저는 아침 여섯 시에 모닝콜이 필요해요. (아침 여섯 시에 깨워 주세요).
   _____

Grammar
Application to Writing

한국말을 보고 조금씩 늘려 가면서 쓰는 연습을 해 보세요. 그리고 입에서 빨리 나올 때까지 말하기 연습을 해 보세요.

1. ① 그들은 한다
   _____

   ② 그들은 그것을 한다.
   _____

   ③ 그들은 사람들을 위해서 그것을 한다.
   _____

   ④ 그들은 사람들을 위해서 불평 없이 그것을 한다.
   _____

2. ① 나는 보았다
   _____

   ② 나는 그 남자를 보았다.
   _____

   ③ 나는 오전 7시경에 그 남자를 보았다.
   _____

   ④ 나는 공원에서 오전 7시경에 그 남자를 보았다.
   _____

   ⑤ 나는 내 친구 Jenny와 함께 공원에서 오전 7시경에 그 남자를 보았다.
   _____

3. ① 너는 가르친다
　_____

② 너는 영어를 가르친다.
　_____

③ 너는 그 학생에게 영어를 가르친다.
　_____

④ 너는 도서실에서 그 학생에게 영어를 가르친다.
　_____

⑤ 너는 도서실에서 그 학생에게 두 시간 동안 영어를 가르친다.
　_____

⑥ 너는 도서실에서 그 학생에게 기말고사를 위해서 두 시간 동안 영어를 가르친다.
　_____

⑦ 너는 도서실에서 그 학생에게 기말고사를 위해서 수요일에 두 시간 동안 영어를 가르친다.
　_____

4. ① 나는 확대했다
　_____

② 나는 그 사진을 확대했다.
　_____

③ 나는 사진관에서 그 사진을 확대했다.
　_____

Grammar
Application to Writing

④ 나는 우리집 근처에 있는 사진관에서 그 사진을 확대했다.
_____

⑤ 나는 우리집 근처에 있는 사진관에서 생일 선물을 위해서 그 사진을 확대했다.
_____

⑥ 나는 목요일(에) 우리집 근처에 있는 사진관에서 생일 선물을 위해서 그 사진을 확대했다.
_____

⑦ 나는 목요일(에) 열두 시에서 세 시 사이에 우리집 근처에 있는 사진관에서 생일 선물을 위해서 그 사진을 확대했다.
_____

5. 1 나는 7 수업 후에 6 자전거로 5 Nick과 함께 4 차이나타운으로 3 피자를 2 배달한다.
_____

6. 1 나는 7 도서관 옆 6 구내 매점에서 5 수업 전에 4 점심으로 3 타코(taco)를 2 먹었다.
_____

7. 1 일광욕은 6 수 분 안에 5 화상처럼 4 인간의 피부 위에 3 여러 가지(다양한) 흉터를 2 남긴다.
_____

8. 1 남성들은 7 많은 의성어(onomatopoeic words)를 사용함으로써 6 동료들과 함께 5 일상 활동 안의 4 계획과 성취에 대해서 3 그들의 의견을 2 나눈다.
_____

Lecture 13

전치사를 모르면 영어를 잘 못하는 이유

 Learning Goals

'전치사＋명사'의 특징은 무엇일까?

'전치사＋명사'는 문장 속에서 어디에 써야 할까?

'전치사＋명사'는 문장 속에서 몇 개나 쓸 수 있을까?

'전치사＋명사'가 문장 속에 쓰이면 문장에 어떤 변화가 일어날까?

앞에서 전치사가 무엇인지에 대해 알아보고 전치사의 역할에 대해서도 살펴보았다. 전치사를 자유롭게 쓸 수 있도록 전치사가 문장에서 어떻게 다양하게 쓰이는지를 살펴보자.

LECTURE 13° 전치사를 모르면 영어를 잘 못하는 이유

1. 전치사의 특징

전치사는 문장에서 문법의 영향을 받지 않는 부분, 즉 부가적인 부분(Additional Part)의 시작을 알려 준다.

문법적 필수 부분 Essential Part			부가적인 부분 Additional Part	
명사(주어) +	동사 +	명사(목적어)	전치사 +	명사(전치사의 목적어)
1 The video shop	2 sells	3 the game pack	4 of	5 children's puzzles.
문법의 영향을 받는 부분			문법의 제약에서 자유로운 부분	

2. '전치사+명사'의 위치

(1) 전치사는 문법의 영향을 받는 필수 부분(명사+동사+명사) 뒤에 있는 **네 번째 자리**에 주로 온다.

1 The video shop 2 sells 3 the game pack 4 of children's puzzles.
그 비디오 가게는 어린이 퍼즐 게임팩을 판다.

(2) 전치사구는 명사를 뒤에서 꾸며 줄 수도 있고(형용사구), 내용상 동사와 관계가 있을 경우 문장 전체를 꾸며 줄 수도 있다(부사구).

The video shop near the school on Pico street sells the game pack
　　　　명사　　　　　　명사　　　　　　　　　　　　　　　　　　명사

of children's puzzles with other videotapes for some extra
　　　　명사　　　　　　　　　명사

money after 2 p.m. from Monday to Friday.
　명사　　　　　　　　　명사

Pico 거리에 있는 학교 근처 비디오 가게는 월요일부터 금요일까지 오후 두 시 이후에 부수입을 위해 다른 비디오테이프와 함께 어린이 퍼즐 게임팩을 판다.

① 긴 문장의 실체는 바로 전치사였음을 알 수 있다. 문장에 '전치사 + 명사'를 여러 개 사용하여 충분히 긴 문장을 쓰고 말할 수 있다.

② '전치사+명사' 다음에 또 다른 '전치사+명사'를 쓸 수 있다. 얼마나 길게 쓸 수 있을까? 물론 많이 쓸 수 있다. 하지만 한 문장에서 '전치사+명사'의 가장 적절한 개수는 한 개에서 세 개 정도이다.

Grammar Knowledge

필수적인(essential) 부분(명사+동사+명사)을 3형식이라 하고, 부가적인(additional) 부분(전치사+명사)을 전치사구라고 한다.

More View

다음은 '전치사+명사'를 여러 개 사용하여 하나의 문장을 길게 늘린 것이다.

① The video shop near the park on Redondo street sells game packs of children's puzzles with other videotapes for some extra money after 2 p.m. from Monday to Friday.
Redondo 거리에 있는 공원 근처 비디오 가게는 월요일부터 금요일까지 오후 두 시 이후에 여분의 돈을 벌기 위해서(부수입을 위해) 다른 비디오테이프와 함께 어린이 퍼즐 게임팩을 판다.

→ • The shop sells game packs of children's puzzles.
   그 가게는 어린이 퍼즐에 관한 게임팩을 판다.

• It sells game packs with other videotapes.
   그곳에서는 다른 비디오테이프와 함께 게임팩을 판다.

• I think they sell game packs for some extra money.
   내 생각엔 그들은 여분의 돈을 벌기 위해서 게임팩을 파는 것 같다.

• They sell after 2 p.m.
   그들은 오후 두 시 이후에 판매를 한다.

• The shop is open from Monday to Friday.
   그 가게는 월요일부터 금요일까지 영업을 한다.

• The shop is near the park and it is on Redondo street.
   그 가게는 공원 근처에 있고 Redondo 거리에 있다.

긴 문장을 여러 개의 짧은 문장들로 나눈 것.

② I bought some bread at Sam's store across the street for a birthday party.
나는 생일 파티를 위해서 길 건너편에 있는 Sam네 가게에서 빵을 좀 샀다.

→ - I bought some bread at Sam's store.
  나는 Sam네 가게에서 빵을 좀 샀다.

- It is across the street.
  그것은 길 건너편에 있다.

- I bought the bread for a birthday party.
  나는 생일 파티를 위해 그 빵을 샀다.

긴 문장을 여러 개의 짧은 문장들로 나눈 것.

③ The bookstore across the street discounts used books of/on art history with some elegant artistic pictures for the visitors from other countries on Saturday from 1 p.m. to 3 p.m. Please bring your passport and visa with you to the bookstore for the discount.
길 건너편에 있는 서점은 고상한 예술적 그림들이 몇 점 담긴 미술사에 관한 중고 서적들을 다른 나라에서 온 방문객들에게 토요일 오후 한 시에서 세 시까지 할인 판매합니다. 할인을 받기 위해서는 서점에 여권과 비자를 가지고 오세요.

→ - The bookstore discounts used books of/on art history.
  그 서점은 미술사에 관한 중고 서적을 할인 판매한다.

- It sells history books with some elegant artistic pictures.
  그곳에서는 고상한 예술적 그림들이 몇 점 담긴 역사책을 판매한다.

- The store gives a discount for the visitors.
  그 가게는 그 방문객들에 대해 할인을 해 준다.

- The visitors come from other countries.
  그 방문객들은 다른 나라 출신이다.

- The event starts on Saturday.
  그 행사는 토요일에 시작한다.

- The book counter is open from 1 p.m. to 3 p.m.
  그 도서 계산대는 오후 한 시에서 세 시까지 운영한다.

- The bookstore is across the street.
  그 서점은 길 건너편에 있다.

- You should bring your passport and visa with you.
  당신은 여권과 비자를 지참해야 한다.

- Many visitors go to the bookstore.
  많은 방문객들이 그 서점에 간다.

- They visit there for the discount.
  그들은 할인을 받기 위해 그곳을 방문한다.

긴 문장을 여러 개의 짧은 문장들로 나눈 것.

④ I sent a letter to Harry at Columbia University for a recommendation letter.
  나는 추천서를 받기 위해 콜롬비아 대학교의 Harry에게 편지를 보냈다.

→
- I sent a letter.
  나는 편지를 보냈다.
- I sent it to Harry.
  나는 Harry에게 그것을 보냈다.
- Harry is at Columbia University.
  Harry는 콜롬비아 대학교에 있다.
- The letter is for a recommendation letter.
  그 편지는 추천서를 받기 위함이다.

긴 문장을 여러 개의 짧은 문장들로 나눈 것.

전치사는 생활 속에 수도 없이 사용된다. 여기에 특히 자주 사용되는 전치사를 모아 두었다. 전치사를 모르면 영어 못한다고 말할 수 있을 정도로 전치사는 사용 빈도수가 높다.

Grammar Knowledge

SVO 언어란, 기본 어순이 주어(S), 동사(V), 목적어(O)인 언어를 말한다. 영어는 대표적인 SVO 언어인 반면, 한국어는 SOV 언어이다. 이렇게 영어의 기본 구조를 잡아 놓고 그 다음에 붙이기 시작하는 말이 전치사이다. 전치사는 영어에서 가장 자주 사용하는 말이므로 영어를 잘하고 싶다면 그 어떤 문법보다도 잘 알아 두어야 한다.

3 생활 속의 전치사 I

전치사는 항상 뒤에 명사를 가진다. 그러므로 '전치사+명사'를 하나의 덩어리(chunk)로 보고 익혀 두어야 한다.

- 그 문제에 대해서 → about the problem
  * problem: 마음에 부담을 주는 문제
  cf) question: 시험 문제

- 그 가치 이상으로 → above the value

- 길을 건너서 → across the street
  [e.g.] the building across the street: 길 건너편에 있는 건물

- 점심 식사 후에 → `after` lunch

- 나에게 반대하여 → `against` me
  [e.g.] Are you with me or `against` me?: 너 나에게 찬성하니, 아니면 반대하니?

- 그 문에 기대어 → `against` the door

- 강을 따라(서) → `along` the river
  [e.g.] `along` the street: 길을 따라서
  `along` the street lights: 가로등을 따라서
  `along` the line: 줄을 따라서

- 내 주위에[주변에] → `around` me
  [e.g.] `around` the waist: 허리 주위에
  `around` my neck: 내 목 주위에
  `around` my house: 나의 집 주위에

- 너의 직장에서(장소) → `at` your work

- 두 시 정각에(시간) → `at` 2 o'clock

- 일몰 전에 → `before` sunset

- 내 뒤에(서) → `behind` me

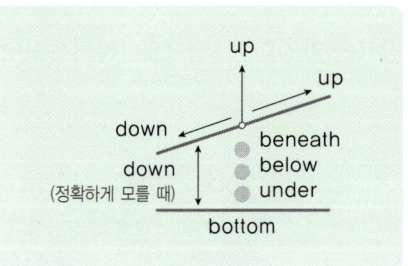

- 그 탁자 아래에 → `below` the table
  [e.g.] `below` zero: 영하

- 그 표면 바로 밑에 → `beneath` the surface

- 내 차 옆에 → by / beside / next to my car

  ＊ 'next to'는 바로 옆에 붙어 있는 것으로, 'by' 보다 더 가까운 위치를 나타낸다.

  [e.g.] Can I have the rooms next to each other?
  서로 나란히 붙어 있는 방으로 잡을 수 있을까요?

- 너와 나 사이에 → between you and me(= between us)

  ＊ 'between'은 '둘 사이'를 나타내며, 'among'은 '셋 이상 사이'를 나타낸다.

  cf) between you and me / between ourselves / just between us:
  〈구어〉 우리끼리 이야기지만, 이것은 비밀이지만

- 우리의 능력을 넘어서 → beyond our ability

  ＊ beyond one's ability: ~의 능력을 넘어서 할 수 없는

- 정오까지 → by / until / till[til] noon

  ＊ 'by'는 어떤 행위나 사건이 특정 시점까지 완료되는 것을 나타내고, 'until'은 어떤 상황이나 상태가 특정 시점까지 계속된다는 것을 나타낸다. till[til]은 until과 같은 의미이지만, 비격식적인(informal) 말이나 쓰기에서만 사용한다.

- 교통 체증에도 불구하고 → despite the traffic jams

  [e.g.] despite the difficulties: 어려움에도 불구하고

- 그 길 (따라) 아래로 → down the street

- 그 방학 동안에[중에] → during the vacation

- 나 자신을 위해서 → for myself

- 10년 동안 → for 10 years

  ＊ for는 시간의 길이를 나타내므로 for 뒤에 구체적인 숫자가 나오는 반면, during 뒤에는 특정한 기간이나 사건이 온다.

- 1999년에(연도) → in 1999

- Kelly에게서(출발지, 출처, 기원) → from Kelly

- 초겨울에(계절) → [in] early winter

  [e.g.] [in] early summer: 초여름에

4 생활 속의 전치사 Ⅱ

- 미래/현재/과거에 → [in] the future / the present / the past

- 아침/오후/저녁에 → [in] the morning / the afternoon / the evening

  cf) [at] night: 밤에

- 21세기에 → [in] the 21st century

- 화장실 안에 → [in] the rest room

  * rest room: 공공(public)의 개념.
   bathroom: 개인 소유의 개념.
   cf) toilet이나 WC 등은 주로 영국에서 쓰는 표현임.

- 그 방 안으로 → [into] the room

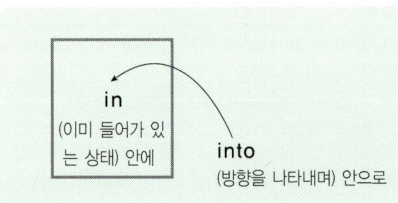

- 그들처럼 → [like] them

  * 명사 + 동사 + 명사 / 전치사 + 명사
   ↓ ↓
   like(좋아하다) like(~처럼)

  [e.g.] I like that like them.
              동사   전치사

- 주유소 근처에 → [near] the gas station

  [e.g.] [near] my house: 우리 집 근처에

near the school: 학교 근처에

near this building: 이 건물 근처에

near me: 내 근처에

near my book: 내 책 근처에

- 여인의 향기 → the scent of a woman (= a woman's scent)

  * 'of'는 소속의 의미로 정관사 'the'와 함께 쓴다.

  [e.g.] the love of parents = parents' love 부모님의 사랑

  The economy of Korea is getting better.

  한국의 경제는 점점 좋아지고 있다.

  = Korea's economy is getting better.

  the street of Holloywood = Holloywood's street 할리우드의 거리

- 너의 무릎 위에 → on your lap

- 수요일에 → on Wednesday

- 수요일 아침에 → on Wednesday morning

- 차 밖으로 → out of the car

- 논점에서 벗어나 → off the point

- (그) 언덕 넘어서 → over the hill

  *Come here!: 여기로 와!(내 음성을 들을 수 있는 거리까지 오라는 말.)
  Come over here!: 이쪽으로 와![여기로 (넘어) 와!](내가 말하는 이 지점 또는 위치로 오라는 말이며, over는 거리와 위치가 정해짐.)

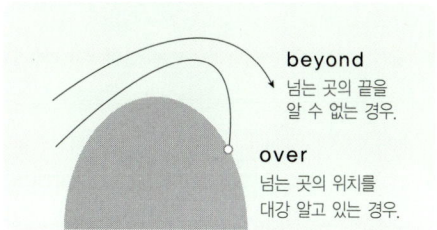

beyond 넘는 곳의 끝을 알 수 없는 경우.

over 넘는 곳의 위치를 대강 알고 있는 경우.

- 7시 이후로 → since 7 o'clock

  * '완료형'과 함께 쓴다.

- 그 문을 통하여 → through the door

  [e.g.] through me: 나를 통하여
  through the travel: 그 여행을 통하여
  through the test: 그 시험을 통하여

- 그의 삶 전체에 걸쳐서 → throughout his life

  *through는 한쪽 끝에서 다른 쪽 끝의 이어짐을 나타내는 '통과'나 '관통'의 의미가 담겨 있다. 반면에, thoughout은 '~ 도처에, 곳곳에, ~ 동안 내내'라는 뜻으로 시간과 공간 범위가 더 포괄적이다.

  [e.g.] throughout my experience: 나의 경험 전체에 걸쳐서
  throughout the country: 전국 도처에, 전국 방방곡곡에
  throughout the year: 일년 내내

- 너에게 → to you

- 우리를 향하여 → toward us

  *방향을 나타냄.

  [e.g.] Let's go to the island. ▶ 단순히 그 섬으로 가자는 의미.
  Let's go toward the island. ▶ 그 섬 쪽으로[그 섬을 향하여] 가자는 의미.

- 몇 년 안에[내에] → within a few years

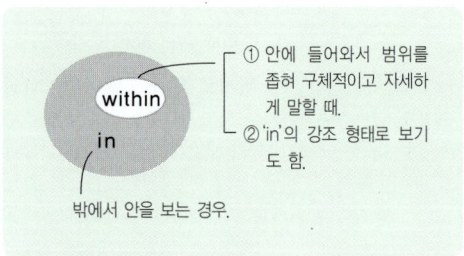

- 아무 걱정 없이 → without any worries

Comprehension Quiz

1 '전치사+명사'를 덧붙여서 문장을 만들 때의 장점으로 알맞은 것은?

① 주어를 대신할 수 있다.   ② 하나의 문장을 길고 자세하게 쓸 수 있다.
③ 한 문장에 하나만 쓸 수 있다.   ④ 짧게 줄일 수 있다.

2 부가적인 부분(Additional Part)의 위치가 변하면 어감과 해석이 조금씩 달라져요. 모두 해석해 보세요.

(1) I called her at night in order to talk in private.
→ _____

(2) At night I called her in order to talk in private.
→ _____

(3) In order to talk in private, I called her at night.
→ _____

(4) At night I called her in private in order to talk.
→ _____

3 다음 문장에 'to you (너에게)'를 넣어서 문장을 늘릴 때 'to you'를 가장 강조하고 싶다면 어디에 넣을 수 있겠는가?

① I   ② wrote   ③ a comment   ④ .

4 부가적인 부분의 위치를 바꿔서 새로운 문장을 만들어 보세요.

I met her at the bus stop across the school around 7 p.m.

→ (1) _____
→ (2) _____

[5~10] 각 문제에서 제시된 우리말 뜻에 맞는 전치사가 순서대로 바르게 나열된 것을 고르세요.

5 (A) ~에 대해서   (B) ~ 주위에   (C) ~ 뒤에서   (D) ~ 옆에

① about   –   round   –   back   –   by
② of   –   around   –   beneath   –   beside
③ about   –   around   –   behind   –   next to
④ of   –   round   –   behind   –   near

Comprehension Quiz

6 (A) ~ 이상으로   (B) ~을 건너서   (C) ~을 따라서   (D) ~ 사이에

① over	–	cross	–	along	–	between
② above	–	across	–	along	–	between
③ above	–	across	–	follow	–	between
④ over	–	across	–	along	–	beside

7 (A) ~에 기대어   (B) ~ 전에   (C) ~ 아래에   (D) ~ 바로 밑에

① again	–	before	–	under	–	beneath
② against	–	front	–	down	–	beneath
③ at	–	before	–	bottom	–	beneath
④ against	–	before	–	under	–	beneath

8 (A) ~부터   (B) ~ 안에   (C) ~ 근처에   (D) ~을 통하여

① from	–	in	–	near	–	though
② from	–	in	–	near	–	through
③ from	–	into	–	near	–	throughout
④ from	–	into	–	near	–	throughout

9 (A) ~처럼   (B) ~까지   (C) ~을 향하여   (D) ~을 가지고

① as	–	till	–	upon	–	with
② like	–	till	–	toward	–	have
③ like	–	until	–	toward	–	with
④ like	–	by	–	to	–	have

10 (A) ~ 안에   (B) ~ 없이   (C) ~ 이후로   (D) ~의

① within	–	without	–	since	–	of
② within	–	nothing	–	after	–	of
③ within	–	without	–	since	–	off
④ in	–	nothing	–	since	–	off

Reading & Writing **Practice**

[1~5] 다음 문장을 해석해 보세요.

1 In 1820, she flew across the Atlantic Ocean for 3 days.
   _____

2 It takes 30 minutes from here to the station by bus.
   _____

3 The picture on the wall costs 200 dollars.
   _____

4 The store at Times Square opens at 9 a.m. and closes at 6 p.m. during the week.
   _____

5 I thank you with all my heart for your support.
   _____

[6~9] 다음 문장을 영어로 옮기세요.

6 너는 그 셔츠가 아주 잘 어울린다.
   _____

7 너는 이 목록에서 사람들의 이름을 찾을 수 있을 거야.
   _____

8 서로 옆에 붙어 앉지 말고 시험 보는 동안에는 서로 얘기하지 마세요.
   _____

9 나는 네 어깨 너머로 그 문자를 봤어.
   _____

Grammar
Application to Reading

'전치사+명사'를 쓰기 전의 글과 쓰고 난 후의 글을 비교해 보자.

Before

Many people saw the movie "Psycho". Actress Janet Leigh portrayed a woman. The woman was brutally murdered. The man stabbed her many times. She screamed. The viewers still heard her scream. The scream echoed. Janet Leigh had the same experience. She heard her own scream. She could not take a shower until she died. People learn fears and phobias. Most people exaggerate fears and phobias. We know this very well, but fear.

After

Many people around us saw the movie "Psycho" at the theater or at home. Actress Janet Leigh in this picture portrayed a woman in the movie. The woman in the movie "Psycho" was brutally murdered by a man. The man with a knife stabbed her many times. She screamed with fear in this bloody scene. After the movie, the viewers still heard her scream. The scream echoed in the viewers' ears. Janet Leigh had the same experience like the others. She heard her own scream. She could not take a shower until she died on October 4, 2004 at the age of 77. People learn fears and phobias from their parents, movies, TV, books, and close friends. Most people exaggerate fears and phobias about insects, animals, and even daily items. We know this very well, but fear.

동사에 죽고 사는 부사

 Learning Goals

문법적으로 정해져 있는 부사의 위치는 어디일까?

문장 속에서 부사를 생략하면 문법적으로 맞을까, 틀릴까?

부사는 빼고 싶으면 빼고, 넣고 싶으면 넣을 수 있다. 이번 단원에서는 부사가 쓰이는 자리, 그리고 부사와 동사의 관계에 대해서 살펴보자.

14 LECTURE 동사에 죽고 사는 부사

1. 부사 'adverb'의 의미

부사는 '동사에 더하고, 보태고, 도와주는' 역할을 하기 때문에 동사와 밀접한 관계가 있다.

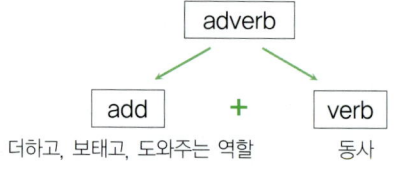

2. 부사의 위치

(1) 부사는 '동사에 더하고, 보태고, 도와주는' 역할을 하므로 가능하면 동사와 가까운 곳, 즉 동사의 앞 또는 뒤에 위치한다.

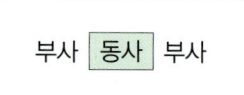

(2) 부사의 위치는 동사의 종류가 결정적인 역할을 한다. be 동사인지 일반 동사인지에 따라 부사의 위치가 달라진다.

She is [always] busy. ▶ 부사는 be 동사 뒤에 온다.
그녀는 항상 바쁘다.

We [always] exercise in the morning. ▶ 부사는 일반 동사 앞에 온다.
우리는 항상 아침에 운동한다.

Grammar Knowledge

be 동사 뒤와 일반 동사 앞에 주로 오는 부사는 '빈도 부사'이다. 일반 부사보다 먼저 사용되기 시작한 것이 빈도 부사이고, 그래서 이 빈도 부사의 위치가 일반 부사의 위치를 정하는 기준이 되었다. 이후 시간이 지나면서 그 위치가 자유롭게 변하기 시작했다.

More View

① I ⬚always⬚ saved some money. ▶ 빈도 부사는 일반 동사 'saved' 앞에 온다.
나는 항상 약간의 돈을 저금했다.

② The class is ⬚always⬚ interesting. ▶ 빈도 부사는 be 동사 'is' 뒤에 온다.
그 수업은 늘 흥미롭다.

Grammar Check

1. 부사는 ⓐ☐가 없었더라면 생길 이유도 만들 필요도 없었다. ⓑ☐는 부사가 존재하는 이유이다.
2. 동사를 도와준다는 의미의 'adverb'는 가능하면 동사 가까이에 있어야 할까? 아니면 멀리 있어야 할까?
3. 'adverb'의 위치는 ☐를 기준으로 왼쪽과 오른쪽으로 나뉜다.
4. 부사를 왼쪽에 쓸지 오른쪽에 쓸지를 결정하는 데 ☐가 큰 영향을 미친다.
5. 문법적으로 정해져 있는 부사의 일반적인 위치는?

3 부사의 발생 배경

영어의 기본 구조(명사+동사+명사 / 전치사+명사)에는 형용사를 쓸 자리가 많다.

Lecture 14 – 동사에 죽고 사는 부사

Warm clothes protect our body / from cold. 따뜻한 옷은 추위를 막아 우리 몸을 보호한다.
We need warm clothes / at night. 우리는 밤에 따뜻한 옷이 필요하다.
I saved money / for warm clothes. 나는 따뜻한 옷을 사기 위해 돈을 모았다.

(1) 명사 앞에서 '명사를 도와주고 꾸며 주는' 형용사는 부사의 발생에 영향을 주었다.

(2) 동사의 앞, 뒤에서 '동사에 뜻을 더하고 꾸며 주는' 부사는 '명사를 도와주고 꾸며 주는' 기존의 형용사에서 단어를 빌려 왔다.

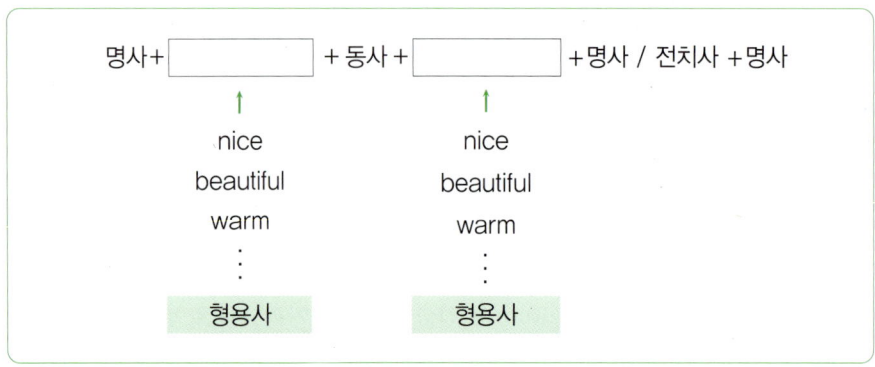

Grammar Knowledge

왜 형용사에서 빌려 왔을까? 동사를 꾸며 주기 위해서 새로운 단어를 만드는 것보다 이미 있는 단어 중 비슷한 역할을 하고 있는 단어를 사용하는 것이 쉽고 경제적이기 때문이다. 형용사가 비록 명사에 뜻을 더하고 꾸미기는 하지만 '단어에 뜻을 더하고 꾸민다'는 공통적인 특성 때문에 동사를 꾸미는 용도로도 이용되기 시작했다.
'꾸민다'는 말이 좀 이해가 안 갈 수도 있다. 얼굴을 꾸미기 위해서 화장을 하고, 방을 꾸미기 위해서 물건을 갖다 놓거나, 선물을 꾸미기 위해서 장식을 다는 것처럼, 동사에 새로운 뜻을 부가하는 것이다.

[e.g.] go 가다 → go slowly 천천히 가다
talk 얘기하다 → talk loudly 크게 얘기하다

(3) 영어는 반복을 매우 싫어하기 때문에 기존 형용사와 발음을 구분하기 위하여 형용사에 '-ly'를 붙여 부사를 만든다.

His novels nicely describe war. 그의 소설들은 전쟁을 잘 묘사하고 있다.

The company performed poorly in 2010. 그 회사는 2010년에 제대로 돌아가지를 않았다.

Grammar Knowledge

-ly의 흐름을 좀 더 자세히 살펴보자. 정확한 연대와 원인은 알 수 없지만 대략의 흐름은 다음과 같다.

-liga → -lice → -lich → -li → -ly

Modern English(근대 영어)에 들어오면서 -ly로 바뀌었는데 일반적으로 학자들은 -ly의 기원을 -liga에서 온 것으로 보고 있다. 이 -liga라는 말은 고대 스칸디나비아어(Old Norse)에서 왔는데, 이것을 사용한 사람들이 바로 바이킹(Viking)들이었다. 이 바이킹의 후손들이 지금의 스칸디나비아 반도(스웨덴, 노르웨이, 덴마크, 아이슬란드, 핀란드) 사람들이다.

4 부사의 종류

(1) 대부분의 부사는 형용사에 '-ly'를 붙여서 만든다.

동사	부사
kind	kindly
warm →	warmly
perfect	perfectly
beautiful	beautifully

More View

① 나는 끈기 있게 나의 차례를 기다렸다.
→ I patiently waited for my turn. (형용사 patient → 부사 patiently)
  └ 'wait'가 일반 동사이므로 동사 앞에 온다.

② 네가 전적으로 맞다.
→ You are absolutely right. (형용사 absolute → 부사 absolutely)
  └ 'are'가 be 동사이므로 동사 뒤에 온다.

③ 그들은 몰래 떠났다.
→ They secretly left. (형용사 secret → 부사 secretly)
  └ 'leave'가 일반 동사이므로 동사 앞에 온다.

④ 이것은 사실 맞다.
→ This is actually true. (형용사 actual → 부사 actually)
    └ 'is'가 be 동사이므로 동사 뒤에 온다.

(2) 만일 부사를 만들기 위해 필요한 단어가 형용사에 없을 때에는 새로운 부사를 만든다.

> always(항상)   even(심지어)   often(종종)   seldom(거의 ~않는)
> never(결코 ~않는) once(한번, 일단) very(매우)   much(훨씬)
> also(또한)   still(여전히)   already(이미)   too(역시)
> so(그래서)   quite(꽤)   sometimes(때때로) ever(지금까지, 한 번이라도, 일찍이)

5. 문장에서 자유로운 부사의 위치

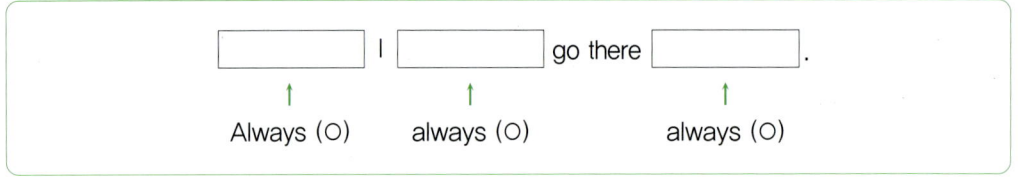

(1) 부사는 문장의 맨 앞에 올 수 있다. 그런데 영어는 중요하거나 강조하고 싶은 것일수록 문장 맨 앞으로 보낸다. 그러므로 부사를 문장 맨 앞에 쓰면 그 의미를 강조한 것이 된다.

Kindly he helped me. 친절하게 그는 나를 도왔다.
Generously he helped me. 관대하게 그는 나를 도왔다.
Always I go there. 항상 나는 그곳에 간다.
Sincerely I work. 성실하게 나는 일한다.

(2) 부사는 문장의 맨 뒤에 올 수 있다. 부사를 문장 맨 뒤에 쓰게 되면 의미를 부연 설명하는 것이 된다.

He helped me kindly. 그는 나를 친절하게 도왔다.
He helped me generously. 그는 나를 관대하게 도왔다.
I go there always. 나는 그곳에 항상 간다.

I work *sincerely*. 나는 성실하게 일한다.

(3) 부사는 명사(목적어) 앞에 올 수 없다.

Grammar Package

형용사 우선의 법칙

명사 앞에 빈자리가 있으면 형용사가 우선권을 가진다. 일단 함께 쓰이면 형용사와 명사는 떨어지지 않고 같이 움직인다.

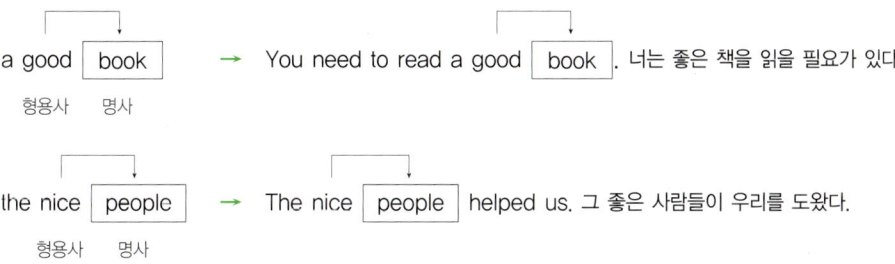

Grammar Check

6. 대개의 부사는 새로 만들어진 단어라기보다 기존에 있던 형용사 단어에 일정한 기호를 붙인 것이다. ⓣ | ⓕ
7. 부사임을 표시하는 대표적인 기호는?
8. 형용사 실력이 바로 부사 실력이라고 말할 수 있다. ⓣ | ⓕ
9. 다음 문장에서 부사 'seriously'를 쓸 수 없는 곳은?
   ① He ② answered ③ questions ④ .
10. 한 명사 앞에 일단 형용사를 쓰고 난 후 그 형용사 앞에 부사를 쓸 수 있다. ⓣ | ⓕ

Comprehension Quiz

1 다음 중 부사의 특징으로 알맞지 <u>않은</u> 것은?
  ① 부사는 '동사에 더하다'라는 뜻이다.   ② 부사는 동사 근처에 쓴다.
  ③ 동사는 부사가 존재하는 이유이다.   ④ 동사 자리에 부사를 대신 쓸 수 있다.

2 다음 중 부사의 역할에 대한 설명 중 바른 것은?
  ① 명사를 꾸며 준다.   ② 동사를 꾸며 준다.
  ③ 동사를 명사화한다.   ④ 명사를 대신해서 쓴다.

3 문법적으로 정해져 있는 빈도 부사의 일반적인 위치는?
  ① be 동사 뒤, 일반 동사 앞   ② 문장 앞, be 동사 뒤
  ③ be 동사 앞, 일반 동사 뒤   ④ 문장 뒤, 일반 동사 앞

4 전형적인 문법 규칙을 엄격히 적용할 때 빈도 부사를 쓸 수 있는 위치를 표시하세요.

> (1) ① It ② is ③ correct ④.
> (2) ① He ② looked ③ at ④ me ⑤.
> (3) ① She ② relied ③ on ④ me ⑤.
> (4) ① I ② cared ③ her ④.
> (5) ① They ② postponed ③ the ④ date ⑤.

5 다음 중 부사와 형용사의 관계를 바르게 설명한 것은?
  ① 부사와 형용사는 모두 동사를 꾸며 준다.   ② 부사를 활용해서 형용사를 만들었다.
  ③ 형용사를 활용해서 부사를 만들었다.   ④ 부사의 모든 단어는 새로 만든 단어이다.

6 부사임을 표시하는 대표적인 기호는 무엇이며, 또 그것을 쓰는 방법은?
  ① -lly, 명사 뒤에 붙여서 쓴다.   ② -lly, 다른 부사 뒤에 붙여서 쓴다.
  ③ -ly, 동사 뒤에 붙여서 쓴다.   ④ -ly, 형용사 뒤에 붙여서 쓴다.

7 부사는 주로 어떻게 해석되는가?

① ~하다　　② ~하는　　③ ~하기　　④ ~하게

8 'occasionally(가끔)'를 쓸 수 없는 곳은?

① The store　② has　③ a special sale　④.

9 'gradually(점진적으로)'를 쓰기에 어색한 위치는?

① The scar　② was　③ disappeared　④.

10 'often(자주)'을 쓸 수 없는 곳은?

① I　② get　③ lucky in this game　④.

11 부사의 위치가 잘못된 것은?

① They did it secretly.
② Secretly, they did it.
③ They secretly did it.
④ They did secretly it.

Reading & Writing **Practice**

[1~5] 다음 문장을 해석하세요.

1 I do this every other day regularly.
　_____

2 His answer is exactly the same as mine.
　_____

3 In order to finish it early, I hurriedly called my co-worker and asked him to help me.
　_____

4 I wrote on a postcard neatly and carefully.
　_____

5 I want you to bring it safely.
　_____

[6~9] 다음 문장을 영어로 옮기세요.

6 누군가가 지하철 안에서 시끄럽게 전화로 얘기했다.
　_____

7 그 이야기가 저를 깊이 감동시켰어요.
　_____

8 사실은 나는 너를 버스 정류장에서부터 따라가고 있는 중이었어.
　_____

9 그들은 의도적으로 그녀에게 거짓말을 하고 있어요.
　_____

Grammar
Application to Writing

[1~24] 각각의 우리말 문장을 적절한 부사를 집어넣어 영어로 완성해 보세요.

1. 나는 그것을 눈치챘다.
   → I noticed it.

   나는 이미 그것을 눈치챘다.
   → _____

2. 그는 그의 방 안에 있다.
   → He is in his room.

   그는 아직도[여전히] 그의 방 안에 있다.
   → _____

3. Ted는 실수를 했다.
   → Ted made mistakes.

   Ted는 빈번하게 실수를 했다.
   → _____

4. 나는 그것을 알아냈다.
   → I figured it out.

   나는 마침내 그것을 알아냈다.
   → _____

5. 나는 네가 옳다고 생각해.
   → I think you are right.

   나는 아마 네가 옳을 거라 생각해.
   → _____

6. 중고 책은 싸다.
   → Used books are cheap.

   중고 책은 일반적으로 싸다.
   → _____

Grammar
Application to Writing

7. Anna은 뭔가를 한다.
   → Anna does something.

   Anna은 항상 뭔가를 한다.
   → _____

8. 인디언 서머(Indian summer)는 덥다.
   → Indian summer is hot.

   인디언 서머(Indian summer)는 늘 덥다.
   → _____

   *Indian summer: 가을에 한동안 비가 오지 않고 날씨가 따스한 기간.

9. 대중 매체는 사실을 왜곡한다.
   → The mass media twist/twists facts.

   대중 매체는 때때로[가끔] 사실을 왜곡한다.
   → _____

10. 그들은 방을 청소한다.
    → They clean the room.

    그들은 좀처럼 방을 청소하지 않는다.
    → _____

11. 나는 기념품 가게에서 토끼발(rabbit's foot)을 보았다.
    → I saw a rabbit's foot in a souvenir shop.

    나는 기념품 가게에서 토끼발(rabbit's foot)을 종종[자주] 보았다.
    → _____

    *rabbit's foot: 행운의 부적으로 여겨 가지고 다니는 토끼의 왼쪽 뒷발.

12. 이것은 흔히 있는 일이에요.
    → This is one of those things.

    이것은 그저 흔히 있는 일이에요.
    → _____

13. TV는 폭력 장면을 보여 준다.

→ TV shows violent scenes.

TV는 자주[종종] 폭력 장면을 보여 준다.

→ _____

14. 그 마을버스는 정시에 온다.

→ The local bus comes on time.

그 마을버스는 거의 정시에 오지 않는다.

→ _____

15. 스포츠 용품은 할인 판매한다.

→ Sports goods are on sale.

스포츠 용품은 드물게 할인 판매한다.

→ _____

16. 우리는 주말에 서로 본다(만난다).

→ We see each other on weekends.

우리는 보통[대개] 주말에 서로 본다(만난다).

→ _____

> **TIP** 빈도 부사의 위치는 기본적으로 be 동사 뒤나 일반 동사 앞이지만, 상황에 따라 문장 맨 앞(강조의 목적)과 문장 맨 뒤에도 쓸 수 있다.

17. 그 선생님은 수업 중에 농담하지 않는다.

→ The teacher doesn't tell a joke in class.

그 선생님은 수업 중에 보통[대개] 농담하지 않는다.

→ _____

18. 네가 옳았다.

→ You were right.

네가 전적으로 옳았다.

→ _____

Grammar
Application to Writing

19. 다섯 명의 사람들이 그 방에 있었다.
→ There were five people in the room.

단지 다섯 명의 사람들만이 그 방에 있었다.
→ _____

20. 남자들은 여자들을 오해한다.
→ Men misunderstand women.

남자들은 이따금[가끔] 여자들을 오해한다.
→ _____

21. 여자들은 미래 지향적인 남자를 좋아한다.
→ Women like future-oriented men.

여자들은 일반적으로 미래 지향적인 남자를 좋아한다.
→ _____

22. 우리는 감기에 걸렸다.
→ We caught a cold.

우리는 모두 감기에 걸렸다.
→ _____

23. 그것은 나의 잘못이었다.
→ It was my fault.

그것 또한[역시] 나의 잘못이었다.
→ _____

24. 그 차가 나를 들이받았다.
→ The car hit me.

그 차가 거의 나를 들이받을 뻔했다.
→ _____

Lecture 15

부사의 활용

 **Learning Goals**

왜 우리는 부사를 배워야 할까?

영어 문장을 쓰는 데 자신감을 주고 말과 글의 수준(level)을 높여 주는 부사에 대해서 살펴보자.

15 LECTURE 부사의 활용

1. 문장에서 부사의 위치

(1) 문장의 길이가 짧을 때

be 동사 뒤나 일반 동사 앞에 올 수 있으며, 문장에서 위치가 자유롭기 때문에 문장 맨 앞과 맨 뒤에도 올 수 있다. 단, 명사(목적어) 앞에는 올 수 없다.

$\boxed{\text{Really}}$ I need this. (○)

I $\boxed{\text{really}}$ need this. (○)

I need this $\boxed{\text{really}}$. (○) ▶ 주로 informal한 speaking에서 사용.

(2) 문장의 길이가 길 때

be 동사 뒤나 일반 동사 앞에 올 수 있으며, 문장 맨 앞에 올 수 있다.

문장 맨 뒤에는 올 수 없는데 도와주는 동사와 멀어지면 가까이에 있는 다른 동사를 도와주는 것으로 오해할 수 있기 때문이다. 그리고 명사(목적어) 앞에도 올 수 없다.

$\boxed{\text{Really}}$ I need this because it helps me to finish my work. (○)

I $\boxed{\text{really}}$ need this because it helps me to finish my work. (○)

I need this because it helps me to finish my work $\boxed{\text{really}}$. (×)
이것은 내가 일을 끝마치는 데 도움이 되기 때문에 나는 이것이 정말로 필요하다.

(3) 문장의 길이가 짧지는 않고 적당할 때

be 동사 뒤나 일반 동사 앞에 올 수 있으며, 문장에서 위치가 자유롭기 때문에 문장 맨 앞과 맨 뒤에도 올 수 있다. 단, 명사(목적어) 앞에 올 수 없다.

Really I need this for my work. (○)

I really need this for my work. (○)

I need this for my work really. (○) ▶ 주로 informal한 speaking에서 사용.

Grammar Package
문장의 길이와 상관없이 항상 부사를 쓸 수 있는 곳은 문장 맨 앞이다.

2. 문장에서 부사의 역할

(1) 부사의 위치에 따라 달라지는 글의 감각

　　Always I go there. 항상 나는 거기에 가요.　▶ always를 강조한 표현.
　　I always go there. 나는 항상 거기에 가요.　▶ 약하게 always를 강조한 표현.
　　I go there always. 나는 거기에 가요 항상.　▶ 부연 설명한 표현.

(2) 부사의 사용에 따라 달라지는 글의 수준

Beginner Level	Expert Level
I am happy. 나는 행복하다.	I am extremely happy. 나는 극도로 행복하다.
It is true. 그것은 사실이다.	It is absolutely true. 그것은 틀림없이 사실이다.
He said yes. 그는 그렇다고 말했다.	He reluctantly said yes. 그는 마지못해 그렇다고 말했다.
It takes 20 minutes. 그것은 20분 걸린다.	It takes approximately 20 minutes. 그것은 대략 20분 걸린다.
The man answered. 그 남자는 대답했다.	The man inconsistently answered. 그 남자는 일관성 없이[모순되게] 대답했다.
I went. 나는 갔다.	I immediately went. 나는 당장 갔다.
It is important. 그것은 중요하다.	It is historically important. 그것은 역사적으로 중요하다.
It is high. 그것은 높다.	It is geographically high. 그것은 지형학적으로 높다.
They selected a leader. 그들은 지도자를 뽑았다.	They democratically selected a leader. 그들은 민주적으로 지도자를 뽑았다.

3. 자주 쓰는 빈도 부사

I always go to bed at 10.

I usually go to bed at 10. ▶ 지속적이고 반복적인 일이나 습관.

I frequently go to bed at 10. ▶ 규칙적으로 또는 짧은 간격으로 빈번히 일어나는 것을 말함.

I often go to bed at 10. ▶ 반복 횟수에 초점을 둔 것.

I sometimes go to bed at 10.

I occasionally go to bed at 10.

I seldom go to bed at 10.

I rarely go to bed at 10.

I hardly ever go to bed at 10.

I never go to bed at 10.

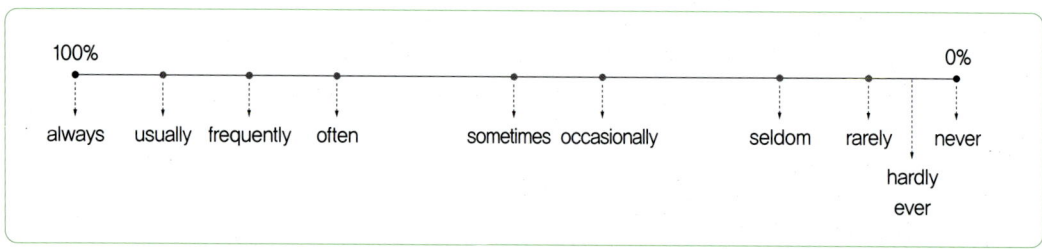

Grammar Check

1. 영어는 중요하거나 강조하고 싶은 부분일수록 ① ☐ (으)로 보낸다. 그러므로 부사를 맨 앞에 쓰게 되면 본인의 의지에 관계없이 ② ☐ 하는 표현이 된다.

2. 모든 부사를 전부 앞에 놓고 글을 쓰면 부자연스러운 글이 된다. 왜 그럴까?

3. 아래의 각 문장에서 밑줄 친 부사가 꾸며 주고 있는 단어와 그 품사를 쓰라.
    (1) She speaks English well.
    (2) Tom works very hard.
    (3) Amy is too young to get married.

4. 부사는 글의 수준을 조절하는 데 큰 역할을 한다.   Ⓣ | Ⓕ

5. 부사가 가지고 있는 세 가지 장점은?
    ① _____
    ② _____
    ③ _____

Comprehension Quiz

1 'really(정말)'를 다음 문장의 중간에 넣어서 문장을 다시 써 보세요.

You are good at taking pictures.

→ _____

2 'actually(사실은, 실제로)'를 다음 문장의 중간에 넣어서 문장을 다시 써 보세요.

There are three books for this course.

→ _____

3 'confidently'를 강조한 문장은?

① Confidently he answered to the question.
② He confidently answered to the question.
③ He answered to the question confidently.
④ He answered confidently to the question.

4 문장 내에서 'definitely'의 위치를 바꿔 세 가지로 표현해 보세요.

You are right.

→ (1) _____
→ (2) _____
→ (3) (informal한 speaking) _____

5 문장 내에서 'suddenly'의 위치를 바꿔 세 가지로 표현해 보세요.

The car stopped in front of us.

→ (1) _____
→ (2) _____
→ (3) (informal한 speaking) _____

Comprehension Quiz

6 다음 부사를 자주 일어나는 빈도순으로 바르게 나열한 것은?

① often – usually – sometimes – rarely – seldom
② usually – often – sometimes – seldom – rarely
③ usually – often – seldom – sometimes – rarely
④ usually – sometimes – often – seldom – rarely

7 부사가 가지고 있는 특징으로 볼 수 <u>없는</u> 것은?

① 대부분의 철자가 형용사를 활용한 것이다.   ② 문법의 영향을 그다지 받지 않는다.
③ 글의 수준을 높일 수 있다.   ④ 문장 앞에서 자주 사용된다.

Reading & Writing **Practice**

[1~5] 다음 문장을 해석하세요.

1. Certainly this is my way to go. Well, it is a destiny.
   _____

2. Do you really want to do that?
   _____

3. I strongly recommend you to think about it.
   _____

4. Let's divide it equally and precisely.
   _____

5. He announced it officially.
   _____

[6~9] 다음 문장을 영어로 옮기세요.

6. 기술적으로는 그렇게 하는 것이 가능해요.
   _____

7. 이 양식을 바르게 기입해 주세요.
   _____

8. 마침내 2년 간의 노력 끝에 나는 나의 목표를 이뤘다.
   _____

9. 그냥 그것을 이렇게 빼내서 이 구멍에 꽉 집어넣으세요.
   _____

Grammar
Application to Reading

부사를 쓰기 전의 글과 쓰고 난 후의 글을 비교해 보자.

Before

The spring vacation came. I wanted to go back to Los Angeles. I had one week. Spring vacation was short. I had to leave.

I arrived in Nebraska in two days. I saw the sign on the road. It said, "Welcome to the State of Potatoes." I expected Nebraska had many potatoes. It had many potatoes. I saw potatoes for two days. I drove along the potato field for eighteen hours. I had potatoes for every meal, five meals. I dreamed of potatoes talking and chasing me. I drove 100 miles an hour to get out of the state. I took the wrong way in the third night. I drove all night.

I was happy when I saw the sign of Kansas in the morning. It said, "Welcome to the State of Wheat." I was worried. As soon as I got in Kansas, there was a wheat field. I became impatient. For fourteen hours, I saw wheat. I had wheat bread for every meal, five meals. Wheat was everywhere. I slept in Motel 6 next to the wheat field.

I had car accidents in Kansas twice. I hit the bridge in my first trip to LA and in my second trip, I drove into the wheat field.

I will not forget this experience. It was an unforgettable trip.

Finally, the spring vacation came. I really wanted to go back to Los Angeles. I had only one week. Spring vacation was relatively short. I had to leave immediately.

Fortunately, I arrived in Nebraska in two days. I clearly saw the sign on the road. It said, "Welcome to the State of Potatoes." I undoubtedly expected Nebraska had so many potatoes. Actually, it had too many potatoes. I saw potatoes for two days. I interminably drove along the potato field for eighteen hours. I had potatoes for every meal, five meals. I even dreamed of potatoes talking and chasing me. I hurriedly drove 100 miles an hour to get out of the state. I mistakenly took the wrong way in the third night. I angrily drove all night.

I was so happy when I clearly saw the sign of Kansas in the morning. It said, "Welcome to the State of Wheat." I was extremely worried. As soon as I got in Kansas, there was a wheat field endlessly. I became gradually impatient. For fourteen hours, I saw wheat. I inevitably had wheat bread for every meal, five meals. Wheat was everywhere. I slept uncomfortably in Motel 6 next to the wheat field.

I had car accidents in Kansas twice. I hit the bridge in my first trip to LA and in my second trip, I unconsciously drove into the wheat field.

I will never forget this experience. It was definitely an unforgettable trip.

Memorize these Essential Adverbs!

Challenge

일상생활이나 시험 등에 자주 등장하는 필수 부사이므로 반드시 외워 두세요. 각 번호에서 우리말 뜻에 맞는 부사를 골라 보세요.

1. 아름답게 — ① completely ② beautifully ③ fairly ④ formally
2. 마지못해서 — ① reluctantly ② suspiciously ③ foolishly ④ widely
3. 의심스럽게 — ① foolishly ② presumably ③ unequally ④ suspiciously
4. 몰래, 비밀스럽게 — ① newly ② strongly ③ secretly ④ ethnically
5. 화를 내어 — ① hurriedly ② undoubtedly ③ angrily ④ surprisingly
6. 친절하게 — ① kindly ② anxiously ③ certainly ④ clearly
7. 관대하게 — ① significantly ② generously ③ mentally ④ virtually
8. 바보스럽게 — ① eventually ② exactly ③ foolishly ④ humbly
9. 나쁘게, 심하게 — ① badly ② beautifully ③ absolutely ④ technically
10. 결국, 마침내(는) — ① honestly ② gradually ③ perfectly ④ eventually
11. 당장에 — ① respectively ② actively ③ exceptionally ④ immediately
12. 행복하게 — ① happily ② simply ③ permanently ④ steadily
13. 염려스럽게, 갈망하여 — ① merrily ② anxiously ③ really ④ equally
14. 조용하게 — ① silently ② apparently ③ possibly ④ finally
15. 분명히, 명백히 — ① simply ② obviously ③ probably ④ exactly
16. 틀림없이, 확실히 — ① easily ② really ③ certainly ④ physically
17. 사실은 — ① surely ② merrily ③ actually ④ clearly
18. 아마, 추측컨대 — ① entirely ② presumably ③ scientifically ④ safely
19. 겉보기에는, 명백히 — ① warmly ② soundly ③ roughly ④ apparently
20. 확실히 — ① effectively ② widely ③ surely ④ technologically
21. 명확히 — ① definitely ② wisely ③ wrongly ④ formerly
22. 아마 — ① kindly ② generously ③ possibly ④ immediately
23. 정직하게 — ① typically ② honestly ③ individually ④ anonymously
24. 다행히, 운 좋게도 — ① fortunately ② naturally ③ barely ④ politely
25. 솔직히 — ① extremely ② respectfully ③ interestingly ④ frankly

#	뜻	①	②	③	④
26.	운 좋게	profoundly	properly	luckily	suddenly
27.	공식적으로	officially	seemingly	actively	fully
28.	자연스럽게	naturally	silently	obviously	badly
29.	절대적으로, 전적으로	greatly	absolutely	politically	normally
30.	간신히, 거의 ~없다[않다]	tightly	rapidly	merely	barely
31.	전적으로, 완전히	actually	angrily	secretly	entirely
32.	극도로	definitely	hastily	extremely	largely
33.	공평하게, 꽤	overly	frankly	happily	fairly
34.	정말로	completely	luckily	really	officially
35.	마침내, 최종적으로	finally	reluctantly	fully	inconsistently
36.	새롭게	fortunately	loudly	brightly	newly
37.	정확히, 꼭	extremely	fairly	exactly	equally
38.	똑같이, 동등하게	merely	equally	immediately	generously
39.	강하게	absolutely	completely	entirely	strongly
40.	공손히, 예의 바르게	politely	ethnically	formerly	humbly
41.	쉽게	clearly	simply	wisely	easily
42.	성급하게, 허둥지둥	respectfully	greatly	hastily	strictly
43.	서둘러서	anxiously	hurriedly	actually	surely
44.	즐겁게, 명랑하게	widely	merrily	steadily	happily
45.	갑자기	hastily	steadily	suddenly	actively
46.	차츰, 서서히	respectively	properly	profoundly	gradually
47.	따스하게	widely	newly	warmly	virtually
48.	현명하게	roughly	suddenly	wisely	hastily
49.	밝게, 명료하게	clearly	strongly	politely	exactly
50.	간단히, 간소하게	reluctantly	simply	vaguely	anonymously
51.	완전히	formally	completely	beautifully	fairly
52.	완전히, 충분히	widely	reluctantly	suspiciously	fully
53.	대단히, 크게	greatly	suspiciously	presumably	unequally
54.	정치적으로	ethnically	newly	politically	strongly
55.	보통, 정상적으로	normally	undoubtedly	hurriedly	surprisingly
56.	기술적으로	kindly	anxiously	technically	certainly
57.	민족(학)적으로, 인종(학)적으로	significantly	mentally	virtually	ethnically

Memorize these Essential Adverbs!

#	뜻	①	②	③	④
58.	과학적으로	eventually	exactly	scientifically	relatively
59.	겸손하게	beautifully	absolutely	technically	humbly
60.	각자, 제각기	respectively	gradually	respectfully	eventually
61.	이전에, 예전에	early	formerly	permanently	steadily
62.	정식으로	anxiously	merrily	formally	equally
63.	단지, 그저	merely	apparently	possibly	finally
64.	큰 (목)소리로, 소란스럽게	apparently	obviously	probably	loudly
65.	의심할 여지 없이, 확실히	certainly	undoubtedly	easily	really
66.	엄격하게	strictly	surely	actually	clearly
67.	적당하게, 알맞게	precisely	properly	entirely	presumably
68.	공손히, 정중하게	respectfully	respectively	exceptionally	immediately
69.	자유롭게	soundly	roughly	freely	apparently
70.	널리, 폭넓게	widely	effectively	largely	technologically
71.	건전하게	wisely	soundly	definitely	formerly
72.	깊이, 극심하게	immediately	profoundly	generously	possibly
73.	잘못해서, 부당하게	typically	wrongly	individually	anonymously
74.	완벽하게	perfectly	correctly	fortunately	politely
75.	거칠게, 대략	extremely	roughly	frankly	interestingly
76.	영구히, 불변으로	profoundly	properly	suddenly	permanently
77.	모순되게	actively	officially	seemingly	inconsistently
78.	전형적으로	naturally	typically	obviously	silently
79.	흥미 있게	interestingly	normally	absolutely	politically
80.	개별적으로	tightly	rapidly	merely	individually
81.	단단히, 꽉	entirely	actually	tightly	secretly
82.	익명으로	definitely	hastily	extremely	anonymously
83.	급속히, 신속히	hastily	rapidly	frankly	fairly
84.	놀랄 만큼, 놀랍게도	completely	really	officially	surprisingly
85.	안전하게, 무사히	reluctantly	safely	finally	inconsistently
86.	활발히, 적극적으로	fortunately	loudly	brightly	actively

#	뜻	①	②	③	④
87.	크게, 대체로	fairly	largely	extremely	exactly
88.	의미심장하게, 상당히	significantly	soundly	immediately	generously
89.	예외적으로	absolutely	completely	entirely	exceptionally
90.	같지 않게, 불평등하게	ethnically	formerly	unequally	humbly
91.	비슷하게	clearly	simply	similarly	wisely
92.	지나치게, 과도하게	respectfully	hastily	strictly	overly
93.	견실[착실]하게, 꾸준히	surely	steadily	anxiously	actually
94.	육체적으로	simply	physically	merrily	steadily
95.	효과적으로	effectively	properly	profoundly	gradually
96.	거의 ~아니다[없다]	virtually	widely	hardly	warmly
97.	사실상, 실질적으로는	roughly	wisely	hastily	virtually
98.	외견상으로, 겉보기에는	seemingly	clearly	politely	exactly
99.	정신적으로	mentally	widely	steadily	actively
100.	믿을 수 없을 만큼	reluctantly	vaguely	incredibly	anonymously

Check

정답을 확인해 보세요.

1. ②	2. ①	3. ④	4. ③	5. ③	51. ②	52. ④	53. ①	54. ③	55. ①
6. ①	7. ②	8. ③	9. ①	10. ④	56. ③	57. ④	58. ③	59. ④	60. ①
11. ④	12. ①	13. ②	14. ①	15. ②	61. ②	62. ③	63. ①	64. ④	65. ②
16. ③	17. ③	18. ②	19. ④	20. ③	66. ①	67. ②	68. ①	69. ③	70. ①
21. ①	22. ③	23. ②	24. ①	25. ④	71. ②	72. ②	73. ②	74. ①	75. ②
26. ③	27. ①	28. ①	29. ②	30. ④	76. ④	77. ①	78. ②	79. ①	80. ②
31. ④	32. ③	33. ④	34. ③	35. ①	81. ③	82. ④	83. ②	84. ④	85. ②
36. ④	37. ③	38. ②	39. ④	40. ①	86. ④	87. ②	88. ①	89. ④	90. ③
41. ④	42. ③	43. ②	44. ②	45. ③	91. ③	92. ④	93. ②	94. ②	95. ①
46. ④	47. ③	48. ③	49. ①	50. ②	96. ③	97. ④	98. ①	99. ①	100. ③

Answer Key

Answer Key

Lecture 01
'to 부정사' 이름 속에 담긴 비밀

Grammar Check
1. 새로운 명사를 만들지 않고, 동사를 명사처럼 쓸 수 있는 가장 쉽고 빠른 방법이다.
2. '~하는 것'
3. 'to' 뒤에 오는 동사의 개수가 너무 많아 정확한 수를 알 수 없으며, 또 그만큼 헤아릴 수 없이 많은 의미가 생겨날 수 있기 때문이다.

Comprehension Quiz

1. ② 2. ③ 3. ③ 4. ② 5. ① 6. 네 개 7. ④

1. '~하는 것'이라는 뜻으로 쓰여 문장의 주어 역할을 하고 있다(to 부정사의 명사적 용법).
2. to 부정사는 'to+동사 원형'이다.
3. 동사를 명사화(동사를 명사처럼 쓸 수 있게 만드는 것) 할 수 있는 방법은 to 뒤에 동사 원형을 써서 to 부정사로 만들거나 동사 원형에 -ing를 붙여 동명사로 만드는 것이다. 즉, to believe/help/save/have와 같은 to 부정사를 쓰거나 believing, helping, saving, having과 같은 동명사로 쓸수 있다.
4. ①To me(나에게): 전치사 to
   ②To study every day(영어를 매일 공부하는 것): to 부정사의 to('~하는 것'이라고 쓰여 문장의 주어 역할을 하고 있다.)
   ③from Monday to Friday(월요일부터 금요일까지): 전치사 to
   ④to the park(공원까지): 전치사 to
5. to 뒤에 동사 원형이 나오면 to 부정사이고, 명사류가 오면 전치사이다.
6. to 뒤에 동사 원형이 나오면 to 부정사이고, 명사류가 오면 전치사이다.

〈해석〉
I sent an email to you because I need to tell the time to you. You need to check the time before you come to the meeting. To come to the meeting on time is very important. Don't forget to leave home early!
내가 너에게 이메일을 보냈어. 왜냐하면 너한테 그 시간을 말해 줄 필요가 있어서. 그 모임에 오기 전에 너는 그 시간을 확인해야 해. 모임에 제시간에 오는 게 아주 중요하다. 집에서 일찍 나오는 것 잊지 마!

Reading & Writing Practice
1. 수영하는 것은 재미있다.
2. 자전거를 타는 것은 쉽다.
3. 나는 가기를 원한다.(나는 가고 싶다.)
4. 이것을 사용하는 것은 간단하다.
5. 나는 너를 볼 필요가 있다.
6. To read this grammar book is interesting.
7. I like to memorize words.
8. I want to share this.
9. To have a hope is important.

Lecture 02
'to 부정사'의 활용

Grammar Check
1. 두 군데
2. 반복을 싫어하는 영어에서 전치사 'to'와 to 부정사의 'to'가 반복되기 때문이다.
3. 동사에 '-ing'를 붙여 '~하는 것'이라는 뜻을 나타내는 동명사를 써야 한다.

Comprehension Quiz

1. ④ 2. 1, 3 3. ③ 4. ③ 5. ② 6. Loving

another person needs patience. And forgiving another person needs courage. **7.** 첫 번째 문장의 'To eat', 두 번째 문장의 'To exercise', 네 번째 문장의 'to keep'.

1. 영어에서 가장 많이 쓰이는 구조는 SVO 문장(3형식)으로서 '명사+동사+명사'가 그 핵심이며, 추가적으로 '전치사+명사'가 올 수 있다.
2. 동사를 명사화한 to 부정사는 전치사 뒤를 제외한 명사 자리에 쓸 수 있다.
3. 전치사 for 뒤에 to 부정사 to help를 쓸 수 없다.
4. 전치사 about 뒤에 to 부정사 to shop을 쓸 수 없다.
5. 전치사 to 뒤에 to 부정사의 to를 나란히 쓰면 발음과 철자가 반복되어 혼동을 일으킬 수 있다.
6. 동사를 명사화할 수 있는 방법은 to 부정사(to+동사원형)나 동명사(동사+-ing)로 만드는 것이다. 둘 다 '~하는 것[~하기]'이라는 뜻으로 쓰인다.
   To love = Loving 사랑하는 것[사랑하기]
   to forgive = forgiving 용서하는 것[용서하기]
   〈해석〉
   다른 사람을 사랑하는 것은 인내가 필요하다. 그리고 다른 사람을 용서하는 것은 용기가 필요하다.
7. To eat → Eating, To exercise → Exercising, to keep → keeping
   〈해석〉
   매일 신선한 과일을 먹는 것은 우리의 건강에 좋다. 운동하는 것도 필요하다. 우리는 과일을 먹고 규칙적으로 운동할 필요가 있다. 우리에겐 건강한 몸을 유지하는 것은 중요하다.

Reading & Writing Practice

1. 케이크 만드는 것은 쉽다.
2. 나는 케이크 만드는 데 특별한 기술을 가지고 있다.
3. 그들은 아침에 떠나기로 결정했다.
4. 그들은 아침에 떠나는 것에 반대한다.
5. 나는 소파에서 자는 것을 좋아한다.
6. To think about it makes me happy.
7. To jump here is dangerous.
8. He loves to play games on the Internet.
9. I am looking forward to seeing it.

Lecture 03
동명사의 발생 배경

Grammar Check

1. T - to 부정사가 전치사 뒤에 쓸 수 없는 데다 주어로 쓰일 때에는 아무리 짧아도 두 단어로 복잡해지는 등의 단점이 있어 이를 보완하기 위해 동명사가 만들어졌다고 볼 수 있다.
2. T
3. 세 군데
4. 주어는 짧고 간단해야 하기 때문에 아무리 짧아도 두 단어로 복잡해지는 to 부정사보다 동명사를 주어로 더 많이 사용한다.
5. 주어를 강조하겠다는 것.
6. T
7. Package Grammar 또는 Family Group

Comprehension Quiz

1. ④ **2.** ② **3.** 5 **4.** ① **5.** (1) keeping a promise (2) writing a long mail (3) catching a taxi
6. (1) 이곳을 둘러보는 것은 재미있다[흥미롭다]. (2) 나는 이곳을 둘러보는 데 관심[흥미]이 있다. (3) 이곳을 둘러보는 것에 대해 얘기합시다.

1. to 부정사의 to와 전치사의 to는 발음과 철자가 똑같아서 연이어 쓰이면 혼동을 줄 수 있다. 따라서 'I am looking forward to to see you.'에서처럼 전치사 to 뒤에 to 부정사를 써서는 안 되고, 'I am looking forward to seeing you.'에서와 같이 전치사 뒤에 동명사로 고쳐 써야 한다. (to see = seeing 보는 것)
2. ① safe(형용사: 안전한)
   ② traveling(동명사: 여행하는 것)
   ③ openly(부사: 공개적으로, 공공연히)
   ④ help(동사: 돕다)
   전치사 뒤에는 명사 종류만 쓸 수 있으므로 동명사인 traveling이 정답이다.
3. 전치사 뒤에 to 부정사는 올 수 없으며 명사류가 와야 한다.
4. 전치사 about 뒤에 명사류를 써야 하므로 동명사가 쓰

인 having dinner(저녁을 먹는 것)가 정답이다. 뜻이 같더라도 전치사 뒤에 to 부정사는 쓸 수 없으므로 to have dinner(저녁을 먹는 것)는 문법상 틀리다.

〈해석〉

A: Jack이 나한테 전화했었어.

B: 왜?

A: 걔가 나와 저녁 먹는 것에 대해서 얘기하고 싶어 했거든.

B: 걔가 나한테도 그것에 대해서 전화했었는데.

5. (1) to keep a promise = keeping a promise
    약속을 지키는 것
   (2) to write a long mail = writing a long mail
    긴 메일을 쓰는 것
   (3) to catch a taxi = catching a taxi
    택시를 잡는 것

Reading & Writing Practice

1. 내 생각엔 그것을 지금 사는 것이 돈 버는 일인 것 같아.
2. 그는 빗속에서 뛰기 시작했다.
3. 읽는 것은 중요하고 쓰는 것은 더 중요하다.
4. 나는 문장 외우는 것을 잘한다.
5. 우리는 그들을 돕는 것에 아무런 문제가 없다.
6. He has an interest in living here.
7. Attending the class with you is exciting.
8. Understanding is easy, but practicing is difficult.
9. After receiving the message, I called her.

Lecture 04
'in order to'를 쓰는 방법

Grammar Check

1. 'in order to'의 반복을 피하기 위하여.
2. ①문장 속에서 해석을 통해 알 수 있다.
   ②문장 속에서 to가 들어간 표현을 생략해 보면 알 수 있다.
3. ①문장의 맨 앞 ②문장의 맨 뒤
4. in order to

5. to
6. T
7. F
8. F
9. to 부정사의 'to(~하기 위하여)'.

Comprehension Quiz

1. ④ 2. ③ 3. 반복, in order to, in order to, to, to return 4. ① 5. ①, ②, ⑤ 6. ③ 7. ① 8. (1) (in order) to meet (2) (in order) to try (3) (in order) to change (4) (in order) to drink (5) (in order) to close

1. ①to study 공부하기 위하여[공부하려고](to 부정사의 부사적 용법)
   ②to read 읽기 위하여[읽으려고](to 부정사의 부사적 용법)
   ③to give 주기 위하여[주려고](to 부정사의 부사적 용법)
   ④to buy 사는 것[사기](to 부정사의 명사적 용법)
   I hope to buy the book. 나는 그 책 사기를 바래.(나는 그 책 사기를 희망해.) 여기에서 'to buy(사는 것[사기])'는 동사 hope의 목적어로 사용되어 to 부정사의 명사적 용법으로 쓰이고 있다.

   〈해석〉
   ①나는 공부하기 위해서 이 책을 샀다.
   ②나는 이 책을 읽으려고 샀다.
   ③나는 너에게 이걸 주기 위해서 그 책을 샀다.
   ④나는 그 책을 사기를 바란다.

2. in order to를 짧게 to로 줄이지 않고 모두 쓰면 강조의 어감이 있다. 그리고 in order to 구문을 문장 맨 앞으로 보내도 강조의 어감이 있다. 따라서 to를 쓰면서 뒷부분에 쓰인 ③번의 어감이 강조와는 가장 거리가 멀다고 할 수 있다.

4. ①to 부정사의 명사적 용법(~하는 것[~하기]): '나는 너를 보는 것이 필요하다.'이므로.
   ②to 부정사의 부사적 용법(~하기 위해서[~하려고])
   ③to 부정사의 부사적 용법(~하기 위해서[~하려고])
   ④to 부정사의 부사적 용법(~하기 위해서[~하려고])

〈해석〉
① 나는 너를 볼 필요가 있어.(난 널 봐야 해.)
② 그녀는 얘기하려고 나에게 전화했어.
③ 난 널 돕기 위해서 이걸 했어.
④ 자려고 나는 잠자리에 들었다.

5. in order to 구문은 주로 문장 맨 앞과 맨 뒤에 쓰이며, 흔하진 않으나 간혹 주어와 동사 사이에 삽입해 쓰는 경우도 있다.
6. 동사와 목적어 사이에는 in order to 구문을 쓰지 않는다.
7. in order to 구문을 문장 맨 앞에 쓴 것을 찾으면 된다.
   ① In order to warn drivers, the sign was blinking. 운전자들에게 경고를 주기 위해서 신호가 깜빡이고 있었다.

Reading & Writing Practice

1. 우리는 영어를 공부하기 위해서 이 책을 읽는다.
2. 너를 만나기 위해서 나는 많은 시간 동안 기다렸다.
3. 어떤 사람들은 몸무게를 줄이기 위해서 야채 먹는 것을 좋아한다.
4. 나는 집에 가기 위해서 사무실을 나섰다.
5. 이것을 사용하기 위해선 너는 동전이 필요하다.
6. (In order) to fix it[that], I need this.
7. He came to me (in order) to ask the time.
8. The teacher gave us blank papers (in order) to test us.
9. (In order) to arrive there quickly, we need to take a taxi.

Grammar Application to Reading

〈Before〉
Stanley Milgram(스탠리 밀그램) 박사는 지역 주민들을 초대했다. 그는 그들에게 그의 명령에 복종할 것을 부탁했다. 그 실험 대상자들은 동의했다. Milgram 박사는 충격 발생기를 준비했다. 이 발생기는 전기 충격을 준다. 그것에는 30개의 버튼이 달려 있다. 각 버튼은 15볼트씩을(15볼트씩의 충격을) 더 가한다. 학생 역할을 맡은 실험 대상자들이 실수를 하자 선생 역할을 맡은 다른 실험 대상자들은 학생 역의 대상자들에게 전기 충격을 가했다. Milgram 박사는 계속하라고 명령했다. 학생 역을 맡은 실험 대상자들은 계속 실수를 저질렀다.

학생 역의 실험 대상자들은 75볼트의 전기 충격을 받자 끙 앓는 소리를 냈다. 120볼트에서 그들은 고통스러워 소리를 질렀다. 150볼트에서 학생 역의 실험 대상자들은 멈추라고 애원을 했다. 전기 충격이 200볼트에 이르자, 학생 역의 대상자들은 소름이 끼칠 만큼 오싹한 비명을 질렀다. 300볼트의 전기 충격에서 그들은 심장 상태에 대해 뭐라고 중얼거렸다. Milgram 박사는 선생 역을 맡은 실험 대상자들에게 계속하라고 명령했다. 330볼트에서는 오직 침묵만이 흘렀다. 330볼트에서는 사람들이 목숨을 잃을 수도 있다. 400볼트에서는 그 학생 역의 대상자들에게서 아무런 소리도 들리지 않았다.

놀랍게도, 참가자들 중 65%가 계속 진행하여 450볼트의 마지막 버튼까지 눌렀다. 이 실험은 커다란 논란을 야기했다. 그러나, 그것은 보통 사람들이[일반인들이] 높은 권력의 압력이 있으면 비인간적인 활동에 연루된다는 것을 입증하고 있다.

사실, 그 학생 역할을 맡은 실험 대상자들은 연기를 잘하는 배우들이었다. 그들은 어떠한 전기 충격도 받지 않았다. 그들은 연기를 하고 있었다.

〈After〉
Stanley Milgram(스탠리 밀그램) 박사는 한 연구를 수행하기 위해서 지역 주민들을 초대했다. 그는 그 결과를 향상하기 위하여 그들에게 그의 명령에 복종할 것을 부탁했다. 그 실험 대상자들은 동의했다. Milgram 박사는 그 실험 대상자들에게 전기 충격을 주기 위해 충격 발생기를 준비했다. 실험 대상자들이 단어들을 기억하도록 만들기 위해 이 발생기는 전기 충격을 준다. 그것에는 30개의 버튼이 달려 있다. 각 버튼은 15볼트씩을(15볼트씩의 전기 충격을) 더 가하여 450볼트까지 이르게 된다. 학생 역할을 맡은 실험 대상자들이 실수를 하자 선생 역할을 맡은 다른 실험 대상자들은 학생 역의 대상자들에게 답을 상기시키기 위해 전기 충격을 가했다. 그들에게 스트레스를 주기 위해 Milgram 박사는 계속하라고 명령했다. 학생 역을 맡은 실험 대상자들은 계속 실수를 저질렀다.

학생 역의 실험 대상자들은 75볼트의 전기 충격을 받자 끙 앓는 소리를 냈다. 120볼트에서 그들은 고통스러워 소리를 질렀다. 150볼트에서 학생 역의 실험 대상자들은 멈추라고 애원을 했다. 전기 충격이 200볼트에 이르자, 학생 역의 대상자들은 헤어나기 위해 소름이 끼칠 만큼 오싹한 비명을 질렀다. 300볼트의 전기 충격에서 그들은 자신들의 신체적 상태를 선생 역할 다른 실험 대상자들에게 알리기 위해 심장 상태에 대해 뭐라고 중얼거렸다. 선생 역을 맡은 실험 대상자들에게 스트레스를 더 주기 위해서 Milgram 박사는 그 선생 역 대상자들에게 계속하라고 명령했다. 330볼트에서는 오직 침묵만이 흘렀다. 330볼트에서는 사람들이 목숨을 잃을 수도 있다. 400볼트에서는 그 학생 역의 대상자들에게서 아무런 소리도 들리지 않았다.

놀랍게도, 참가자들 중 65%가 그 명령에 복종하기 위해 계속 진행하여 450볼트의 마지막 버튼까지 눌렀다. 이 실험은 커다란 논란을 야기했다. 그러나, 그것은 보통 사람들이[일반인들이] 높은 권력의 압력이 있으면 스트레스에서 벗어나고 책임을 회피하기 위해 비인간적인 활동에 연루된다는 것을 입증하고 있다.

사실, 그 학생 역할을 맡은 실험 대상자들은 연기를 잘하는 배우들이었다. 그들은 어떠한 전기 충격도 받지 않았다. 그들은 그 실험을 돕기 위해서 연기를 하고 있었다.

Grammar Check

1. '~하는 것[~하기]', '~하기 위하여', '~에, ~로'
2. ① '~하는 것'이라는 뜻의 to 부정사로 쓰인 경우: 문장에서 첫 번째 명사 자리와 그 다음 명사 자리(세 번째 자리)
   ② '~하기 위해(= in order to)'라는 뜻의 to 부정사로 쓰인 경우: 문장의 맨 앞과 맨 뒤
   ③ 전치사(~에, ~로)로 쓰인 경우: 문장에서 네 번째 자리
   ※ 여기에서 문장이라 함은 영어에서 가장 많이 쓰이는 문장 구조(명사+동사+명사 / 전치사+명사)를 말한다.
3. F
4. to 부정사를 명사(목적어) 자리에 쓸 수 있다는 뜻이다.

Comprehension Quiz

1. (1) '~하는 것'이라는 뜻으로 쓰인 to 부정사의 to (2) '~하기 위해(= in order to)'라는 뜻으로 쓰인 to 부정사의 to (3) '~에, ~로'라는 뜻의 전치사 to 2. (1) 전치사의 to(~에, ~로) (2) to 부정사의 to(~하는 것) (3) to 부정사의 to(~하기 위해)(= in order to) 3. ① ~하는 것 ② ~하기 위해 ③ ~에[로] 4. ① 전치사 ② to 부정사의 명사적 용법 ③ to 부정사의 부사적 용법 ④ 전치사 5. ③ 6. ④

2. (1) to you: '~에게'라는 뜻의 전치사 to
   (2) to go: decided의 목적어(to 부정사의 명사적 용법)
   (3) to go: '~하기 위해서(= in order to)'라는 뜻의 to(to 부정사의 부사적 용법)

〈해석〉
(1) 나는 너에게 가고 있는 중이다.
(2) 나는 너에게 가기로 결심했다.
(3) 나는 너에게 가기 위해 택시를 탔다.

3. 〈해석〉
나는 너의 집에 가는 길에 (그녀에게) 이 그림을 보여 주기 위해서 그녀를 만날 계획이었다.

4. 〈해석〉
나는 버스 정류장까지 뛰어갔다. 왜냐하면 나는 직장에 가기 위해서 그 버스를 놓치고 싶지 않았기 때문이다.

5. 빈칸 뒤에 it이라는 목적어가 있으므로 it 바로 앞에는 목적어(명사류)를 가질 수 있는 동사나 전치사가 와야 한다.
   to stress it: 그것을 강조하기 위해서
   in order to give a hint for it: 그것을 위한 힌트를 주기

위해서
to emphasize it: 그것을 강조하기 위해서
＊point at: 손가락으로 ~을 가리키다

6. ① to work: to 부정사의 명사적 용법
   ② to see: to 부정사의 명사적 용법
   ③ to you: 전치사 to
   ④ to wake up: to 부정사의 부사적 용법(~하기 위해서)

〈해석〉
① 우리는 함께 일하기 시작했다.
② 누군가가 널 보기를 원해.(누군가가 널 보고 싶어 해.)
③ 나는 그것을 너에게 보냈어.
④ 나는 일찍 일어나기 위해서 자명종을 맞춰 놓았다.

Reading & Writing Practice

1. 당신은 그 상을 받을 자격이 있다.
2. 나는 그에게 그걸 하지 말라고 했다.
3. 우리는 당신을 기꺼이 도와드리겠습니다.
4. 그 장소는 너무 커서 하루 안에 볼 수가 없다.(= 그 장소는 하루 안에 보기에는 너무 크다.)
5. 그는 체육관에 가기 전에 나에게 열쇠를 주기 위해서 여기에서 기다리기로 약속했었다.
6. To order a meal, you need to take a number.
7. We were waiting in line to enter.
8. He told me not to make a mistake.
9. I am ready to go with you.
10. Today is too hot to play outside.

Lecture 06
지각 동사(Perception Verb)

Grammar Check
1. F
2. fall 또는 falling

Comprehension Quiz
1. ① see 보다 ② feel 느끼다 ③ hear 듣다 ④ smell 냄새 맡다 2. ③ 3. to 4. (1) see, study 너는 내가 도서관에서 공부하는 것을 보게 될 것이다. (2) feel, shake 나는 건물이 흔들리는 것을 느낀다. (3) heard, sing 그는 내가 내 방에서 노래하는 것을 들었다. 5. (1) to hide → hide (2) to yell → yell (3) to burn → burn 6. ③ 7. ④

3. '~하는 것'이라는 뜻의 to 부정사의 to는 문장에서 빼도 전체 문장의 내용을 이해하는 데 큰 지장을 주지 않는다. 그러므로 지각 동사의 사용을 강조하기 위해서 to를 의도적으로 생략해 준다고 볼 수 있다.

5. (1), (2), (3) 문장 모두 지각 동사(saw, heard, smell)가 있으므로 목적격 보어에 to를 쓰지 않고 동사 원형만 온다.
〈해석〉
(1) 우리는 그가 뭔가를 감추는 걸 보았다.
(2) 나는 네가 누군가에게 고함치는 걸 들었어.
(3) 모두가 이곳에서 뭔가가 타는 냄새를 맡을 수 있다.

6. 지각 동사 뒤 목적격 보어는 동사 원형이나 현재분사(-ing)가 온다[지각 동사＋목적어＋목적격 보어(동사 원형 / 현재분사)]. 따라서 지각 동사 saw가 있는 문장에서 목적격 보어는 동사 원형 help 또는 현재분사 helping을 써 줄 수 있다.
I saw him help/helping other people.
〈해석〉
나는 그를 만나는 것에 대해서 생각 중이야. 나는 그가 다른 사람들을 돕고 있는 것을 보았거든. 그가 의자와 탁자들을 옮기고 있었어.

7. 지각 동사 뒤 목적격 보어는 동사 원형이나 현재분사(-ing)가 오므로 다음과 같이 고쳐 써야 한다.
I heard Jane to enter her room. (×)
→ I heard Jane enter her room. 나는 Jane이 그녀의 방에 들어가는 것을 들었다.
→ I heard Jane entering her room. 나는 Jane이 그녀의 방에 들어가고 있는 것을 들었다.

Reading & Writing Practice
1. 나는 네가 버스를 기다리는 것을 보았다.
2. 너는 내가 버스를 기다리고 있는 것을 보았니?
3. 나는 누군가가 내 이름을 부르는 것을 들었다.

4. 누군가가 나를 부르고 있는 소리가 들린다.
5. 그녀는 뭔가가 그녀의 등을 건드린 것을 느꼈다.
6. Who saw me open the door?
7. Who saw me opening the door at night?
8. I feel it move.
9. I heard you snore all night.

Lecture 07
사역 동사(Causative Verb)

Grammar Check
1. 말하는 사람과 듣는 사람 간에 주종/상하 관계를 느끼게 하기 때문이다.
2. ask(요청하다)
3. allow(허락하다)

Comprehension Quiz

> 1. ③ 2. ② 3. ④ 4. ② 5. (1) to repeat → repear (2) to think → think (3) to be → be 6. ①
> 7. (1) They asked us to walk slowly. (2) He asked me to read the report and (to) find any mistakes. (3) The police officer allowed me to pass this way.

1. make, let, have는 대표적인 사역 동사이며, order는 일반 동사이다.
2. allow(허락하다)는 일반 동사로서 목적격 보어에 'to+동사 원형'의 형태로써야 한다.
3. to는 생략해도 전체 내용을 이해하는 데 큰 영향을 주지 않는다.
4. 사역 동사 뒤 목적격 보어에는 동사 원형만이 올 수 있다.

   〈해석〉
   (1) 그녀는 우리를 위해서 커피를 만들어 주었다.
   (2) 그는 나를 기다리게 했다.
   (3) 그들은 매우 용기가 있다.
   (4) 그는 같은 실수를 계속했다.

5. (1) 사역 동사 made가 쓰였으므로 목적격 보어로 동사 원형이 와야 한다. (to repeat → repeat)
   (2) 사역 동사 had가 쓰였으므로 목적격 보어로 동사 원형이 와야 한다. (to think → think)
   (3) 사역 동사 made가 쓰였으므로 목적격 보어로 동사 원형이 와야 한다. (to be → be)

   〈해석〉
   (1) 나의 상사는 나에게 그 일을 반복하게 했다.
   (2) 나는 그에게 그 계획에 대해서 생각해 보도록 시켰다.
   (3) 그 선생님은 학생들에게 조용히 하도록 시켰다.

6. 사역 동사 made를 일반 동사 asked로 바꿔 쓸 때에는 to 부정사를 써야 한다.
   The manager asked me to clean the floor.

7. 사역 동사 make, have, let은 일반 동사 ask, tell, allow로 고쳐 쓸 수 있다. ask, tell, allow는 to 부정사와 함께 쓸 수 있음을 기억해야 한다.

   〈해석〉
   (1) They asked us to walk slowly.
      그들은 우리에게 천천히 걸으라고 요청했다.
   (2) He told me to read the report and (to) find any mistakes.
      그는 나에게 그 보고서를 읽고 잘못된 부분을 찾으라고 말했다.
   (3) The police officer allowed me to pass this way.
      그 경찰관은 나에게 이 길을 지나가도 된다고 허락했다.

Reading & Writing Practice
1. 내가 이것을 하도록 만들지 마라!
2. 우리 상사는 우리를 그 모임에 참석하도록 할 것이다.
3. 이 티켓이 네가 들어갈 수 있도록 해 줄 것이다.
4. 너는 내가 다시 오도록 만들었다.
5. 내게 좀 알려 줘.
6. Nothing will make us stop.
7. He had me finish the work hurriedly.
8. He asked me to finish the work hurriedly.
9. My manager let me go home early.
10. My manager allowed me to go home early.

Lecture 08
가주어 'it'을 쓰는 이유

Grammar Check

1. ① to 부정사 주어나 동명사 주어보다 짧고 간단하다.
   ② 문장에서 특별히 해석할 뜻이 없어서 진짜 주어의 뜻과 혼동되지 않는다.
2. 주어 자리에 있지만 해석은 하지 않는 it을 '비인칭 주어'라 한다. 이 비인칭 주어 it은 날씨, 시간, 계절, 거리, 명암 등을 나타낼 때 쓴다. 비인칭 주어 it을 사용한 예문은 다음과 같다.
   - It is cloudy.
   - It is Monday.
   - It is 9 o'clock.
   - It is summer.
   - It is dark.
   - It takes an hour by bus.
3. to 부정사
4. T
5. T
6. T
7. T

Comprehension Quiz

1. ③ 2. ③ 3. ③ 4. ③ 5. It is not a good idea to visit him at this late hour. 6. To shake hands in our society is a common custom.
7. (1) (동명사 주어) → Practicing English conversation with friends is helpful.
   (가주어 it) → It is helpful to practice English conversation with friends.
   (2) (동명사 주어) → Going jogging in the morning for 10 minutes is good for our health.
   (가주어 it) → It is good for our health to go jogging in the morning for 10 minutes.

1. to 부정사가 쓰인 주어 부분을 간단히 하기 위해 가주어 it을 쓰고 to 부정사 구문은 뒤로 보낸다.
2. 문장 맨 앞에 있는 'It'은 to 부정사 구문의 주어를 대신해 쓴 가주어이다.

〈해석〉 예약을 하기 위해서는 네가 미리 그들에게 연락할 필요가 있어.

3. get better: 좋아지다, 나아지다
   〈해석〉
   ① 그건 그의 거야.
   ② 그것은 재미있었어.
   ③ 지금은 3시 30분이야.
   ④ 그것은 좋아질[나아질] 거야.
4. (C)의 it은 뒤의 진주어 to learn it을 대신해 쓴 가주어이다. 나머지 (A), (B), (D), (E)는 모두 동사의 목적어로 쓰였다.
   〈해석〉
   네가 그것을 좋아하기 때문에 나는 네가 그것을 빨리 배울 수 있을 거라 생각해. 어떤 사람들은 그것을 배우기가 힘들다고 말하지만 넌 해낼 수 있어.
5. to 부정사 구문이 쓰인 주어를 it으로 대체하고 to 부정사 구문은 뒤로 보낸다.
   'To visit him at this late hour' → 'It'
6. 가주어 'It' 자리에 뒤에 있는 to 부정사 구문(to shake hands in our society)을 옮겨 쓴다.
7. to 부정사 주어는 동명사 주어로 바꿔 쓸 수 있다. 또한, to 부정사 구문이 쓰인 주어 부분을 간단히 하기 위해 가주어 it을 쓰고 to 부정사 구문은 뒤로 보낼 수 있다.

Reading & Writing Practice

1. 이것을 이해하는 것은 중요하다.
2. 네가 그 시험 준비를 하는 것은 필요하다.
3. 거기에 가서 그것을 보는 것은 흥미로웠다.
4. 제가 당신과 함께하게 되어 정말 기뻐요.
5. 이 도시에서 이와 같은 장소를 보는 것은 쉽다.
6. It is right for us to do that.
7. It is natural for babies to cry at night.
8. It is happy to see you here.
9. It was exciting for me to have a chance to go there.

Lecture 09 동명사의 활용

Grammar Check
1. F
2. F
3. T

Comprehension Quiz
1. ③ 2. ④ 3. ③ 4. ① 5. ①
6. (1) Buying a computer is expensive.
   (2) Driving a car needs practice.
   (3) I like meeting new people.

1. ①,②,④번은 현재분사이다.
   - 동명사: 동사의 성질을 가지고 있으면서 '명사' 역할을 하는 것.
   - 현재분사: 동사의 성질을 가지고 있으면서 '형용사' 역할을 하는 것.

   〈해석〉
   ① 너는 나를 놀리고 있잖아.
   ② 내가 그 우는 아기를 돌볼게.
   ③ 사람들 앞에서 춤을 추는 것은 나하고는 거리가 멀어.
   ④ 나는 그가 구내식당에서 점심을 먹고 있는 것을 보았어.

2. ④번은 현재분사이다.
   〈해석〉
   ① 나는 지난달에 그녀를 본 걸 기억해.
   ② 200불을 지불하는 건 나한텐 너무 벅차요.
   ③ 나는 너와 일해서 즐거웠어.
   ④ 움직이고 있는 차 안에서 서지 마라.

3. 동사는 자동사냐 타동사냐에 따라서 목적어가 오는지의 여부가 결정된다. 동명사는 말 그대로 명사의 성격 뿐만 아니라 동사의 성격도 가지고 있기 때문에 해당 동사가 타동사인 경우 똑같이 그 뒤에 목적어를 가질 수 있다. 문제에서는 watch(보다)라는 타동사가 쓰였고 뒤에 목적어 'movies'가 왔다.

   watch(동사) + movies(목적어) → watching(동명사) + movies(목적어)

   〈해석〉
   영어로 돼 있는 영화를 보는 것은 영어를 공부하기에 좋은 방법이다.

4. (가)와 (나)는 '~하는 것'이라는 동명사로 쓰여 문장의 주어 역할을 하고 있다. (다)는 '~하는, ~하고 있는' (능동·진행)이라는 뜻의 현재분사로 쓰이고 있다.
   〈해석〉
   단어를 외우는 것과 단어를 사용하는 것은 매우 다르다. 단어를 외우는 학생들은 단어를 올바른 위치에 놓기 위해서 문법을 알 필요가 있다.

5. make는 '~을 만들다'라는 뜻으로 목적어가 필요한 타동사이다. 따라서 문장에서 'Making' 뒤에 목적어에 해당하는 단어가 와야 한다. 예컨대 toys, cakes, cookies와 같은 단어가 오면 '장난감/케이크/쿠키를 만드는 것은 나의 취미이다.'라는 뜻이 된다.

6. 문장에서 쓰인 동사 buy(~을 사다), drive(~을 운전하다), meet(~를 만나다)은 모두 목적어가 필요한 타동사이므로 바로 뒤에 목적어에 해당하는 단어를 넣으면 된다.
   〈해석〉
   (1) 컴퓨터를 사는 것은 돈이 많이 든다.
   (2) 차를 운전하는 것은 연습이 필요하다.
   (3) 나는 새로운 사람들을 만나는 걸 좋아한다.

Reading & Writing Practice
1. 돈을 모으는 것은 중요하지만, 그것을 쓰는 것은 더 중요하다.
2. 문장을 외우는 것은 여러분의 영어 실력을 향상하기 위해서 좋은 방법이다.
3. 당신과 이것을 나누는 것은 저의 즐거움입니다.
4. 나는 그녀에게 내 명함을 줬던 것을 기억한다.
5. 모두가 한국에서의 여행에 대해 얘기하는 것을 즐길 것이다.
6. Telling the truth to her is the last option.
7. I started reading an English novel for my study.
8. Meeting him makes me excited.
9. In rainy days, using the subway in the rush hour is stressful.

Lecture 10
소유격을 활용하면 말이 편해진다

Grammar Check

1. 영어에서 소유격은 보통 '~의'라고 해석하지만, 소유격을 동명사와 함께 쓸 경우에는 '~이[가]'라고 주어처럼 해석해야 자연스러운 경우가 많아서 익숙하지 않기 때문이다.
2. 동명사

Comprehension Quiz

1. ② 2. ③ 3. ① 4. ② 5. ② 6. ① 7. (1) 그가 돈을 저축하는 것 (2) 네가 피아노를 연주하는 것 (3) 내가 네 옆에 앉는 것 8. ① 9. ①

1. 소유격 뒤에는 명사를 쓸 수 있으므로 명사의 성격을 가지고 있는 동명사를 쓸 수 있다.

   his song: 그의 노래
       명사

   his singing a song: 그가 노래하는 것
       동명사

2. ① take(동사)
   ② nice(형용사)
   ③ coming(동명사)
   ④ happily(부사)

3. ① his(소유격) + going(동명사) + there(부사)
   ② her(소유격) + shining(현재분사) + eyes(명사)
   ③ my(소유격) + exciting(현재분사) + dream(명사)
   ④ their(소유격) + running(현재분사) + dogs(명사)
   〈해석〉
   ① 그가 거기에 가는 것
   ② 그녀의 빛나는 눈
   ③ 나의 신나는 꿈
   ④ 그들의 달리는 개들

4. ②번에 쓰인 working만 동명사이고, 나머지 ①, ③, ④번에 있는 것은 모두 현재분사이다.
   〈해석〉
   ① 그것은 잘 작동한다.
   ② 나는 네가 여기에서 일하는 것이 좋아.
   ③ 일하는 사람이 몇 명이나 돼?
   ④ 나는 Emma와 함께 일하는 Kathy를 알아.

5. my(소유격) + coming(동명사): 내가 온 것
   my(소유격) + coming(동명사) + late(부사): 내가 늦게 온 것

6. our(소유격) + fighting(동명사): 우리가 다툰[싸운] 것
   each other's(소유격) + misunderstanding(동명사): 서로가 오해한 것

8. 영어의 소유격이 동명사와 함께 쓰이면 그 소유격을 주어처럼 해석해야 자연스럽기 때문에 혼동을 줄 수 있다.
   my studying English:
   직역→나의 영어를 공부하는 것
   의역→내가 영어를 공부하는 것

Reading & Writing Practice

1. 나는 네가 성공한 것을 듣게 되어서 기뻐.
2. 내가 이것에 대해서 불평하는 것은 너와 아무런 상관이 없어.
3. 그들이 아침에 길거리를 청소하는 것이 항상 나를 깨운다.
4. Jack이 그것에 도전하는 것은 긍정적인 효과가 있다.
5. 제가 너무 일찍 와서 죄송합니다.
6. His telling the truth will solve the problem.
7. Don't tell anyone about my meeting her!
8. My working here is a secret.
9. His playing the guitar and singing a song calmed me down.

Grammar Application to Writing

1. ① going
   ② your going
   ③ your going there
   ④ I understand your going there.

2. ① calling
   ② calling me
   ③ his calling me
   ④ his calling me surprised
   ⑤ His calling me surprised everyone.

3. ① complaining
   ② his complaining
   ③ his complaining about a short break
   ④ his complaining about a short break caused
   ⑤ His complaining about a short break caused a problem.

4. ① taking a test
   ② my taking a test
   ③ about my taking a test
   ④ I thought about my taking a test.

5. ① making a mistake
   ② your making a mistake
   ③ your making a mistake embarrassed
   ④ Your making a mistake embarrassed us.

6. ① meeting
   ② our meeting
   ③ our meeting on Monday
   ④ Our meeting on Monday is a secret.

7. ① studying
   ② our studying
   ③ our studying English
   ④ our studying English will help
   ⑤ our studying English will help us
   ⑥ Our studying English will help us someday.

8. ① coming
   ② your coming
   ③ your coming on time
   ④ I expected your coming on time.

Lecture 11
'go+-ing'는 왜 만들었을까?

Comprehension Quiz

1. (1) 나는 쇼핑하러 간다. (2) 나는 가게[상점]에 간다. (3) 나는 쇼핑하러 갈 예정이다. (4) 나는 가서 그 가게를 본다.
2. ②   3. ③   4. (1) swimming (2) hiking (3) camping
5. ②   6. ③   7. ④   8. ②

---

1. (1) go + -ing(동명사): ~하러 가다
   (2) go to(전치사): ~에 가다
   (3) be going to + 동사 원형: ~할 예정이다

2. 〈해석〉
   ① 나는 내 친구와 조깅하러 가는 중이에요.
   ② 나는 내 친구와 조깅하러 갔어요.
   ③ 내 친구와 함께 나는 조깅하러 갈 거예요.
   ④ 내 친구와 함께 나는 조깅하러 가요.

3. ③번은 틀린 문장이다. 'to'를 빼고 'Going fishing is fun.(낚시하러 가는 건 재미있다.)'으로 써야 한다.
   〈해석〉
   ① 우리는 낚시하러 가는 중이야.
   ② 우리는 낚시하러 가는 중일거야.
   ④ 우리는 낚시하러 갈 예정이야.

4. (1) go swimming: 수영하러 가다
   (2) go hiking: 등산하러 가다
   (3) go camping: 캠핑[야영]하러 가다

5. 'The park is a great place for hiking.'을 'The park is a great place to go hiking.'으로 바꿔 쓸 수 있다.
   〈해석〉
   우리는 이번 주말에 등산하러 갈 거예요. 그 공원은 등산하기에 아주 좋은 장소죠. 사람들이 그곳에서 등산하는 것을 보는 것은 쉬워요. 지난번 우리가 등산 갔을 때 날씨가 더할 나위 없이 좋았었죠. 다시 등산을 가기 위해 이번 주말에 날씨가 좋았으면 해요.

6. be used to + -ing: ~하는 데 익숙하다
   〈해석〉
   나는 김치와 같이 매운 음식을 먹는 것에 익숙해요.

7. thank + 목적어 + for + -ing(이유, 감사하는 내용)
   〈해석〉
   나는 그에게 나를 기다려 준 것에 대해서 감사해 했어요.

8. take part in: ~에 참여[참가]하다, 협력하다
   〈해석〉
   그는 그 프로젝트를 완수하는 데 참여했어요.

Reading & Writing Practice

1. 나는 공원에 친구들과 롤러블레이드를 타러 갔다.

2. 요즘에는 많은 사람들이 캠핑 가는 것을 좋아한다.
3. 아무 데라도 가자! 하이킹(가벼운 등산) 가는 건 어때?
4. 나는 그의 번호를 내 휴대 전화에 저장했던 걸 기억한다. (과거의 일)
5. 너는 세 시까지 이것을 팩스로 보내야 하는 것을 기억할 필요가 있다[기억해야 한다]. (미래에 할 일)
6. I never went fishing. How about you?
7. Are you asking me to go bungee jumping?
8. He is in charge of planning this.
9. I don't feel up to going swimming after work. It is cold today.

Lecture 12
사용 빈도수가 높은 핵심 구조

Grammar Check
1. T
2. 문장 뒤, 명사 뒤, 문장 앞.
3. 문장의 길이가 길어지고 내용이 더 자세해진다.
4. [명사+동사+명사 / 전치사+명사]

   영어 문장은 크게 두 부분으로 나누어지는데, 앞에 있는 '명사+동사+명사'는 필수적인 부분(Essential Part)이고 뒤에 있는 '전치사+명사'는 부가적인 부분(Additional Part)이다. 말 그대로 필수적인 부분은 반드시 있어야 하는 부분으로서 생략하면 문법적으로 틀리게 된다. 반면에, 부가적인 부분은 생략해도 문법적으로 틀리진 않는다.
5. 주어(명사)
6. 전치사

Comprehension Quiz

1. 명사+동사+명사 / 전치사+명사 2. (1) on Monday (2) on the desk (3) in the morning (4) along the street lights 3. ② 4. I took a taxi at the terminal. 5. I made a reservation for a seat to go to Busan. 6. Three rats sat at the bar. They bragged about their bravery and toughness. The first rat said, "I'm so tough, once I ate a whole bagful of rat poison!" The second said, "I'm so tough, once I was caught in a rat trap and I broke it into pieces!" Then the third rat got up and said, "See you tomorrow. I have to go home to play with my cat."

1. 영어를 SVO Language['주어(명사)+동사+목적어(명사)' 언어]라고도 부를 정도로 3형식 문장은 영어에서 가장 많이 쓰이는 형식이다. 이 기본 구조에 추가로 '전치사+명사'가 다양하게 함께 사용되는 것이 특징이다.
2. 〈해석〉
   (1) 나는 그것을 월요일에 보냈어요.
   (2) 책상 위에 있던 내 파일을 누가 옮겼니?
   (3) 나는 아침에 복통이 있었어.
   (4) 커플들이 가로등을 따라서 걸었다.
3. 〈해석〉
   점심 식사 후에 나는 인터넷으로 티셔츠를 주문했어요. 나는 그 셔츠를 사는 데 25달러를 지불했습니다. 나는 소풍을 위해서 그 셔츠를 입을 거예요.
4. take a taxi: 택시를 타다
   at the terminal: 터미널에서
   〈해석〉
   나는 터미널에서 택시를 탔다.
5. make a reservation for: ~을 예약하다
   〈해석〉
   나는 부산에 가기 위해 좌석을 예약했다.
6. 〈해석〉
   쥐 세 마리가 바에 앉았다. 그들은 자신들의 용감함과 강인함에 대해서 허풍을 떨었다. 첫 번째 쥐가 "나는 정말 거칠어. 내가 한번은 한 봉지나 되는 쥐약을 모두 먹은 적이 있지!"라고 말했다. 두 번째 쥐는 "나는 정말 거칠어. 내가 한번은 쥐덫에 잡힌 적이 있었는데 내가 그것을 모두 산산조각 내버렸어!"라고 말했다. 그러자 세 번째 쥐가 일어나면서 말하기를, "내일 보자. 난 내 고양이와 놀아 주러 집에 가야 하거든."

Reading & Writing Practice
1. 나는 일을 마친 후 그녀를 만났다.

2. 그건 내가 그녀의 도움이 필요했기 때문이었다.
3. 우리는 사무실 근처에 있는 커피숍에서 함께 커피를 마셨다.
4. 그녀는 중요한 정보를 나와 공유했다.
5. 그녀와 얘기를 나눈 후 나는 오후 9시쯤 버스를 탔다.
6. I pushed it to the corner.
7. He wrote many sentences in a minute.
8. Who said that to you?
9. I need a morning call at 6 a.m.

Grammar Application to Writing

1. ① They do
   ② They do that.
   ③ They do that for people.
   ④ They do that for people without complaint.
2. ① I saw
   ② I saw the man.
   ③ I saw the man at about[around] 7 a.m.
   ④ I saw the man in the park at about[around] 7 a.m.
   ⑤ I saw the man in the park at about[around] 7 a.m. with my friend Jenny.
3. ① You teach
   ② You teach English.
   ③ You teach English to the student.
   ④ You teach English to the student in the library.
   ⑤ You teach English to the student in the library for two hours.
   ⑥ You teach English to the student in the library for two hours for the final exam.
   ⑦ You teach English to the student in the library for two hours for the final exam on Wednesday.
4. ① I enlarged
   ② I enlarged the picture[photo].
   ③ I enlarged the picture[photo] at the photo shop.
   ④ I enlarged the picture[photo] at the photo shop near my house.
   ⑤ I enlarged the picture[photo] at the photo shop near my house for a birthday gift.
   ⑥ I enlarged the picture[photo] at the photo shop near my house for a birthday gift on Thursday.
   ⑦ I enlarged the picture[photo] at the photo shop near my house for a birthday gift on Thursday between 12 and 3.
5. I deliver pizza to Chinatown with Nick by bike[bicycle] after class.
6. I ate[had] tacos for lunch before class in the cafeteria next to the library.
7. Sunbath leaves various scars on human skin like a burn in a few minutes.
8. Men share their opinions about plans and achievements in daily activities with associates by using many onomatopoeic words.

Lecture 13
전치사를 모르면 영어를 잘 못하는 이유

Comprehension Quiz

1. ② 2. (1) 나는 단둘이 얘기하기 위해서 밤에 그녀에게 전화했다. (2) 밤에 나는 단둘이 얘기하기 위해서 그녀에게 전화했다. (3) 단둘이 얘기하기 위해서 나는 밤에 그녀에게 전화했다. (4) 밤에 나는 얘기하기 위해서 남몰래 그녀에게 전화했다. 3. ① 4. (1) At the bus stop across the school, I met her around 7 p.m.('at the bus stop across the school'을 강조한 문장) (2) Around 7 p.m., I met her at the bus stop across the school.('around 7 p.m.'을 강조한 문장) 5. ③ 6. ② 7. ④ 8. ② 9. ③ 10. ①

1. '전치사+명사'(전치사구)는 문장을 길고 자세하게 쓰는 데 유용하다.
2. 영어에서는 중요하거나 강조하고 싶은 것일수록 앞으로 보내는 경향이 있다.
3. 〈해석〉
   나는 댓글을 달았다.
4. 〈해석〉
   나는 7시쯤 학교 건너편에 있는 버스 정류장에서 그녀를 만났다.
   (1) 학교 건너편에 있는 버스 정류장에서 나는 7시쯤 그녀를 만났다.

(2) 7시쯤 나는 학교 건너편에 있는 버스 정류장에서 그녀를 만났다.

Reading & Writing Practice

1. 1820년에 그녀는 3일 동안 대서양을 가로질러 비행했다.
2. 여기에서 역까지 버스로 30분 걸려요.
3. 벽에 걸린 그 그림은 200불짜리예요.
4. 타임스 스퀘어(타임스 광장)에 있는 그 가게는 주중에 오전 9시에 문을 열어서 오후 6시에 (문을) 닫아요.
5. 저는 당신의 성원에 진심으로 감사드려요.
6. You look great with that shirt.
7. You will find the names of people in this list.
8. Don't sit next to each other and talk to each other during the test.
9. I saw the text message over your shoulder.

Grammar Application to Reading

〈Before〉
많은 사람들은 영화 "Psycho"를 보았다. 배우 Janet Leigh는 한 여자의 역할을 맡아 연기했다. 그 여자는 잔인하게 살해를 당했다. 남자는 그녀를 (칼로) 여러 번 찔렀다. 그녀는 비명을 질렀다. 관람객들은 여전히 그녀의 비명 소리를 들었다. 그 비명 소리는 메아리쳤다. Janet Leigh는 똑같은 경험을 했다. 그녀는 자기 자신의 비명 소리를 들었다. 그녀는 죽을 때까지 샤워를 할 수 없었다. 사람들은 두려움과 공포심을 배운다. 대부분의 사람들은 두려움과 공포심을 과장한다. 우리는 이것을 아주 잘 알면서도 두려워한다.

〈After〉
우리 주변의 많은 사람들은 극장이나 집에서 영화 "Psycho"를 보았다. 이 사진에 있는 배우 Janet Leigh는 그 영화에서 한 여자의 역할을 맡아 연기했다. 영화 "Psycho"에서 그 여자는 한 남자에게 잔인하게 살해를 당했다. 칼을 가진 남자는 그녀를 (칼로) 여러 번 찔렀다. 그녀는 이 피투성이의 장면에서 두려움에 비명을 질렀다. 영화가 끝난 후, 관람객들은 여전히 그녀의 비명 소리를 들었다. 그 비명 소리는 관람객들의 귀에서 메아리쳤다. Janet Leigh는 다른 사람들처럼 똑같은 경험을 했다. 그녀는 자기 자신의 비명 소리를 들었다. 그녀는 77세의 나이로 2004년 10월 4일에 죽을 때까지 샤워를 할 수 없었다. 사람들은 자신의 부모, 영화, TV, 책, 그리고 친한 친구들에게서 두려움과 공포심을 배운다. 대부분의 사람들은 벌레, 동물, 심지어는 일상적인 물건들에 대한 두려움과 공포심을 과장한다. 우리는 이것을 아주 잘 알면서도 두려워한다.

Lecture 14
동사에 죽고 사는 부사

Grammar Check

1. ⓐ 동사, ⓑ 동사
2. 가능하면 동사 가까이에 있어야 한다.
3. 동사
4. 동사의 종류
5. be 동사 뒤, 일반 동사 앞
6. T
7. -ly
8. T
9. ③
10. T

Comprehension Quiz

1. ④ 2. ② 3. ① 4. (1) ③ (2) ② (3) ② (4) ② (5) ② 5. ③ 6. ④ 7. ④ 8. ③ 9. ② 10. ③
11. ④

1. 일반적으로 부사는 동사의 의미를 도와주기 위해서 동사 근처에 쓴다.
2. 명사를 꾸며 주는 것은 형용사이며, 명사를 대신해서 쓰는 것은 대명사이다.
3. 빈도 부사는 일반적으로 be 동사(be, am, are, is, was, were) 뒤 또는 일반 동사 앞에 쓴다.
예문:

They are always busy. 그들은 항상 바빠.

It always comes on time. 그것은 항상 정시에 와.

4. 〈해석〉

   (1) 그것은 옳다.

   (2) 그가 나를 바라보았다.

   (3) 그녀는 나에게 의지했다.

   (4) 나는 그녀를 돌보았다.

   (5) 그들은 그 날짜를 연기했다.

5. 대개의 부사는 기존의 형용사에 -ly를 붙여서 만든 것들이다. 부사와 형용사는 모두 무언가를 꾸며 주는 단어이다. 부사는 동사, 형용사, 부사를 꾸며 주며, 때로는 문장 전체를 꾸미는 경우도 있다. 이에 반해, 형용사는 명사를 꾸며 주는 역할을 한다.

6. 불규칙 부사(sometimes, never, always, hard 등)를 제외하고 형용사에 -ly를 붙여 쓴 것은 대체로 부사이다.

7. 문장의 앞뒤 내용에 따라서 약간씩 달라질 수는 있지만, 일단 부사를 해석하면 '~하게'라는 뜻이라고 알아두면 부사를 쓰는 데 도움이 될 것이다.

8. 〈해석〉

   그 가게는 특별 할인 판매를 한다.

9. 〈해석〉

   그 흉터가 사라졌어요.

10. 〈해석〉

    나는 이 경기에서 운이 따른다.

11. 부사는 명사(목적어) 앞에 쓰지 않는다.

Reading & Writing Practice

1. 나는 이것을 하루 걸러 한 번씩 규칙적으로 해요.
2. 그의 답이 내 것하고 정확하게 똑같아.
3. 그것을 일찍 끝내기 위해 나는 서둘러서 나의 동료에게 전화해서 나를 도와달라고 부탁했다.
4. 저는 그림엽서에 깔끔하고 조심스럽게 썼어요.
5. 나는 네가 그것을 안전하게 가지고 오면 좋겠어.
6. Someone talked on the phone loudly in the subway.
7. The story deeply touched me.
8. Actually, I was following you from the bus stop.
9. They are deliberately lying to her.

Grammar Application to Writing

1. I already noticed it.
2. He is still in his room.
3. Ted frequently made mistakes.
4. I finally figured it out.
5. I think you are probably right.
6. Used books are generally cheap.
7. Anna always does something.
8. Indian summer is always hot.
9. The mass media occasionally twist/twists facts.
10. They seldom clean the room.
11. I often saw a rabbit's foot in a souvenir shop.
12. This is just one of those things.
13. TV often shows violent scenes.
14. The local bus hardly comes on time.
15. Sports goods are rarely on sale.
16. We usually see each other on weekends.
17. The teacher doesn't usually tell a joke in class.
18. You were absolutely right.
19. There were only five people in the room.
20. Men sometimes misunderstand women.
21. Women generally like future-oriented men.
22. We all caught a cold.
23. It was also my fault.
24. The car almost hit me.

Lecture 15
부사의 활용

Grammar Check

1. ① 문장의 맨 앞

   ② 강조

2. 모두 강조한 표현이 되기 때문이다.

3. (1) speaks(동사)

   (2) hard(부사)

   (3) young(형용사)

4. T

5. ① 대부분의 부사가 형용사에 간단히 '-ly'를 붙여서 만들 수 있다.
　② 대개의 부사는 기존의 형용사를 토대로 만들어졌기 때문에 부사 단어를 일일이 따로 외우는 수고를 덜 수 있다. 말하자면, 아는 형용사만큼 그에 따라 부사도 만들 수 있다는 것이다.
　③ 명사 앞을 제외하고 문장에서 쓰이는 위치가 자유롭다(문장 맨 앞이나 맨 뒤, be 동사 뒤, 일반 동사 앞).

Comprehension Quiz

1. You are really good at taking pictures. 2. There are actually three books for this course. 3. ①
4. (1) Definitely you are right. (2) You are definitely right. (3) You are right definitely. 5. (1) Suddenly the car stopped in front of us. (2) The car suddenly stopped in front of us. (3) The car stopped in front of us suddenly. 6. ② 7. ④

1. 〈해석〉
   너는 사진 찍는 것에 능숙하구나.
2. 〈해석〉
   이 과정을 위해 책 세 권이 있어.
3. 앞으로 보낼수록 강조한 것이라고 볼 수 있다.
   〈해석〉
   (1) 자신 있게 그는 그 질문에 대답했다.
4. definitely(분명히)의 위치에 따라서 그 강조에 차이가 난다.
   〈해석〉
   네가 옳아.
5. suddenly(갑자기)의 위치에 따라서 그 강조에 차이가 난다.
   〈해석〉
   그 차가 내 앞에 섰어요.
7. 대개의 부사는 기존의 형용사에 -ly를 붙여서 만든 것이다. 또한 부사는 문장에서 빼도 그 문장의 문법에는 영향을 주지 않는다. 적절한 부사의 사용은 글의 수준을 높이는 데 도움을 준다.

Reading & Writing Practice

1. 분명히 이것은 내 갈 길이야. 운명이지 뭐.
2. 너 정말로 그것을 하기를 원하니?(너 정말로 그걸 하고 싶어?)
3. 나는 네가 그것에 대해서 생각해 보기를 강력하게 권해.
4. 그것을 공평하고 정확하게 나누자.
5. 그는 그것을 공식적으로 발표했다.
6. Technically it is possible to do so.
7. Please fill out this form correctly.
8. Finally I met my goal after two years of trying.
9. Simply pull it like this and insert it into this hole tightly.

Grammar Application to Reading

〈Before〉

봄 방학이 왔다. 나는 로스앤젤레스로 돌아가고 싶었다. 나에겐 일주일이 있었다. 봄 방학은 짧았다. 나는 떠나야만 했다.

나는 이틀 후에 네브라스카 주에 도착했다. 나는 길 위에 있는 표지판을 보았다. 거기에는 "감자의 주(州)에 오신 것을 환영합니다."라고 쓰여 있었다. 나는 네브라스카 주에 많은 감자가 있을 거라 예상했다. 거기에는 많은 감자가 있었다. 나는 이틀 동안 감자를 보았다. 나는 열여덟 시간 동안 감자밭을 따라 차를 몰았다. 나는 매끼, 즉 다섯 끼니를 감자로 먹었다. 나는 감자들이 말을 하며 나를 쫓아오는 꿈을 꾸었다. 나는 그 주(州)를 벗어나기 위해 시속 100마일로 운전해 달렸다. 나는 삼 일째 밤에 길을 잘못 들었다. 나는 밤새도록 운전했다.

나는 아침에 캔사스 주의 표지판을 봤을 때 기뻤다. 거기에는 "밀의 주에 오신 것을 환영합니다."라고 쓰여 있었다. 나는 걱정이 되었다. 내가 캔사스 주에 도착하자마자, 밀밭이 있었다. 나는 인내심을 잃어 갔다. 열네 시간 동안 나는 밀을 보았다. 나는 매끼, 즉 다섯 끼니를 밀 빵으로 먹었다. 밀은 도처에 널려 있었다. 나는 밀밭 옆에 있는 Motel 6에서 잠을 잤다.

나는 캔사스 주에서 교통사고가 두 번 있었다. 나는 LA로 가는 첫 번째 여행에서 다리를 들이받았고, 두 번째 여행에서는 밀밭으로 운전해 들어갔다.

나는 이 경험을 잊지 못할 것이다. 그것은 잊을 수 없는 여행이었다.

〈After〉
마침내, 봄 방학이 왔다. 나는 정말로 로스앤젤레스로 돌아가고 싶었다. 나에겐 겨우 일주일이 있었다. 봄 방학은 비교적 짧았다. 나는 당장 떠나야만 했다.

다행히, 나는 이틀 후에 네브라스카 주에 도착했다. 나는 길 위에 있는 표지판을 분명히 보았다. 거기에는 "감자의 주(州)에 오신 것을 환영합니다."라고 쓰여 있었다. 나는 의심할 여지 없이 네브라스카 주에 아주 많은 감자가 있을 거라 예상했다. 실제로, 거기에는 너무 많은 감자가 있었다. 나는 이틀 동안 감자를 보았다. 나는 열여덟 시간 동안 감자밭을 따라 끝도 없이 차를 몰았다. 나는 매끼, 즉 다섯 끼니를 감자로 먹었다. 나는 심지어 감자들이 말을 하며 나를 쫓아오는 꿈을 꾸었다. 나는 그 주(州)를 벗어나기 위해 서둘러서 시속 100마일로 운전해 달렸다. 나는 실수로 삼 일째 밤에 길을 잘못 들었다. 나는 밤새도록 화를 내며 운전했다.

나는 아침에 캔사스 주의 표지판을 분명히 봤을 때 아주 기뻤다. 거기에는 "밀의 주에 오신 것을 환영합니다."라고 쓰여 있었다. 나는 극도로 걱정이 되었다. 내가 캔사스 주에 도착하자마자, 밀밭이 끝없이 있었다. 나는 점차 인내심을 잃어 갔다. 열네 시간 동안 나는 밀을 보았다. 나는 불가피하게 매끼, 즉 다섯 끼니를 밀 빵으로 먹었다. 밀은 도처에 널려 있었다. 나는 밀밭 옆에 있는 Motel 6에서 불편하게(기분이 언짢게) 잠을 잤다.

나는 캔사스 주에서 교통사고가 두 번 있었다. 나는 LA로 가는 첫 번째 여행에서 다리를 들이받았고, 두 번째 여행에서는 무심결에 밀밭으로 운전해 들어갔다.

나는 이 경험을 결코 잊지 못할 것이다. 그것은 확실히 잊을 수 없는 여행이었다.